多层次资本市场研究

2021 年第 1 辑　总第 7 辑

徐　明　隋　强　主编

中国金融出版社

责任编辑：石　坚
责任校对：孙　蕊
责任印制：丁淮宾

图书在版编目（CIP）数据

多层次资本市场研究 . 2021 年 . 第 1 辑：总第 7 辑／徐明，隋强主编. —北京：中国金融出版社，2021.4
ISBN 978-7-5220-1124-0

Ⅰ. ①多…　Ⅱ. ①徐… ②隋…　Ⅲ. ①资本市场—研究—中国　Ⅳ. ①F832.51

中国版本图书馆 CIP 数据核字（2021）第 076377 号

多层次资本市场研究 . 2021 年第 1 辑
DUOCENGCI ZIBEN SHICHANG YANJIU. 2021 NIAN DI-YI JI
出版
发行　中国金融出版社
社址　北京市丰台区益泽路 2 号
市场开发部　（010）66024766，63805472，63439533（传真）
网 上 书 店　www.cfph.cn
　　　　　　（010）66024766，63372837（传真）
读者服务部　（010）66070833，62568380
邮编　100071
经销　新华书店
印刷　北京市松源印刷有限公司
尺寸　185 毫米×260 毫米
印张　11
字数　175 千
版次　2021 年 5 月第 1 版
印次　2021 年 5 月第 1 次印刷
定价　48.00 元
ISBN 978-7-5220-1124-0
如出现印装错误本社负责调换　联系电话(010)63263947

编者按

　　2020 年，新三板稳步实施多项改革措施，改革成效逐步显现。进一步深化新三板改革，必须坚持"市场化、法治化、国际化"方向，落实"建制度、不干预、零容忍"要求，聚焦发挥育英"小特精专"功能。为此，要摸清底数，根植实践，借鉴域外经验，严守风险底线，推出契合中小企业特点的制度安排。本辑《多层次资本市场研究》围绕进一步深化新三板改革主题，共设改革创新、制度探索、宏观观察、市场实践和域外经验 5 个栏目，收录文章 12 篇。

　　2021 年，证监会系统工作会议分析研判当前资本市场发展面临的形势，研究部署了 2021 年资本市场改革发展稳定重点任务，明确提出要"进一步深化新三板改革"。本辑"改革创新"栏目刊发全国股转公司董事长徐明特约文章《关于进一步深化新三板改革的几点思考》，文章就如何紧紧围绕证监会系统工作会议部署要求，聚焦发挥新三板育英"小特精专"功能，做好进一步深化新三板改革各项工作进行论述和展望。

　　"制度探索"栏目收录 3 篇论文。《证券交易与转让的法律规制研究》一文对公开与非公开、上市与挂牌、转让与交易等法律概念的内涵和外延进行了比较分析和研究，梳理了新三板市场证券监管的基础法律逻辑。《新三板摘牌公司后续监管——基于非公开交易型公众公司视角》一文认为，"摘牌公司"在法律属性上应属于"非公开交易型公众公司"，要改变"公开发行＝公开上市＝维持交易"的固有思维，尝试以市场化方式引导建立以"非公开为特征"的场外交易市场（系统）。《日内回转交易机制的法律视角分析》一文认为，在境外资本市场被广泛采用的日内回转交易机制是提高市场流动性、减少投资者隔夜持仓风险的重要抓手，在新三板市场实施日内回转交易机制不存在上位法律法规障碍。为有效监管日内回转交易机制，应采取加强证券公司的投资者管理义务、对证券违法行为的监控监测等风险控制手段。

　　"宏观观察"栏目收录 3 篇论文。《中小企业界定标准：国际比较与中国实践》一文认为，全球范围没有关于中小企业的统一定义和划分标准。若要实现政策精准扶持或精准干预，有必要对中小企业进行清晰界定。应当专门制定资本市场领域中小企业划分标准，统筹不同市场准入标准设置，打造层次分明、有机联系、功能互补的多层次资本市场体系。《中小企业受疫情冲击的微观机理、宏观影响与融资需求演变》一文认为，疫情对中小企业生产经营的影响呈现阶段性、区域性、行业性差异，内需不足是中小企业当前面临的主要困难，企业成本压力加大、资金缺口凸显。从中长期看，要关注企业规模结构分化、数字化转型难题与创新资金供给不足等问题，警惕中小企业大面积增长"失速"导致经济滑向 K 型增长。《地方政府债务风险评估和预警指标研究》一文认为，以债务率为核心的地方政府债务风险指标始终是地方债的研究和监管重点。由于口径繁多、科目冗杂，地方债务规模测算方法和监控指标体系仍不完善。文章尝试从新视角提出债务风险监控指标并以此为基础构建地方债务风险预警体系。

"市场实践"栏目收录 4 篇论文。《上市公司董监高行使异议权的现状与监管实践》一文梳理分析了上市公司董监高行使异议权的问题与争议，并结合监管实践，提出新证券法实施背景下针对上市公司董监高行使异议权的政策建议。《精选层申报公司审查问询事项实证分析研究》一文对全国股转公司披露的审查问询函进行了统计分析，从加强全国股转公司与证监局在精选层申报验收审查过程中的合作、提升证监局精选层辅导验收针对性和提高挂牌公司规范运作水平等角度提出意见和建议。《精选层投资者情绪、股票收益和定价因子》一文以新三板精选层 45 只股票为样本构建精选层投资者情绪因子，在此基础上建立了适用于精选层的股票定价模型，并对精选层投资者情绪、股票收益和定价因子之间的关系进行了实证研究。《新三板市场行政处罚实证分析》一文对新三板市场违法违规行为的行政处罚案件进行了系统梳理，归纳分析了典型违法案例中的重点问题，并探讨新三板市场违法违规行为行政处罚的原则及考量因素。

"域外经验"栏目收录 1 篇论文。《多层次资本市场联通机制研究——以台湾证券柜台买卖中心创柜板为借鉴》一文以台湾柜买中心及创柜板的联通机制为借鉴，针对区域性股权市场与新三板联通机制的现状及问题，提出畅通联通机制的政策建议。

目　　录

【域外经验】

改革创新

关于进一步深化新三板改革的几点思考

徐　明*

2021 年 1 月 28 日，2021 年证监会系统工作会议在京召开。此次工作会议是在我国进入新发展阶段、贯彻新发展理念、构建新发展格局的大背景下，全面落实国家"十四五"规划纲要的一次重要会议。会议分析研判当前资本市场发展面临的形势，研究部署了 2021 年资本市场改革发展稳定重点任务，明确提出要"进一步深化新三板改革"。全国股转公司将紧紧围绕证监会系统工作会议部署要求，聚焦发挥新三板育英"小特精专"功能，做好进一步深化新三板改革各项工作。

一、进一步深化改革基础更加坚实

2020 年，在中国证监会党委坚强有力的领导下，引入公开发行制度、设立精选层、降低投资者准入门槛、公募基金入市等改革举措平稳落地，转板制度顺利发布，改革成效逐步显现，新三板服务实体经济的功能得到增强，市场生态得到一定程度上的修复，市场风险防控能力和整体运行质量提高，为进一步深化改革奠定了坚实基础。

（一）法治保障基础更加坚实

2020 年 3 月 1 日实施的新证券法，为新三板持续健康发展提供了坚实的法治保障。一是新三板场内、公开、集中的市场性质得到明确。新证券法设立"证券交易场所"专章，明确了新三板与证券交易所具有实质相同的功能和性

---

*　徐明，全国中小企业股份转让系统有限责任公司党委书记、董事长。

质，均为证券集中交易提供场所和设施，组织和监督证券交易，实行自律管理；设立、变更、解散均由国务院决定；证券应全部存管在证券登记结算机构；均可组织公开发行证券的交易和非公开发行证券的转让；均可依法设立不同的市场层次，夯实了新三板市场法律定位。二是新三板实施公开发行注册制的上位法依据更加充分。新证券法规定，公开发行应当依法报经证监会或者国务院授权的部门注册。《国务院办公厅关于贯彻实施修订后的证券法有关工作的通知》（国办发〔2020〕5号）明确，证监会要适时提出在证券交易所其他板块和其他全国性证券交易场所实行股票公开发行注册制的方案。三是新三板投资者法律保护得到强化。新证券法增设"投资者保护"专章，其中，强制调解、代位诉讼、先行赔付、集体诉讼等，可直接应用于新三板市场，为健全市场投资者保护工作奠定基础。四是新三板市场监管法制进一步健全。信息披露方面，新证券法引入"信息披露义务人"概念，明确信息披露义务，关于定期报告和临时报告的披露规定，将上市公司和挂牌公司同等对待，为新三板挂牌公司信息披露监管提供了上位法依据；交易方面，关于禁止内幕交易、操纵市场等规定针对的是整个证券市场，内幕信息知情人涵盖了新三板有关主体，为新三板相关违法行为的责任追究提供了法律依据；中介机构方面，在证券公司业务类型中增加"证券做市交易"，将做市与自营业务区分开，为新三板做市业务规范发展提供支撑。

（二）企业端基础更加夯实

近年来，我们通过建制度、抓落实，在提高挂牌公司质量上下功夫，夯实了进一步深化改革的企业端基础。一是信息披露质量进一步改善。通过修订《挂牌公司信息披露规则》，对基础层、创新层、精选层挂牌公司在信息披露文件类型、内容与格式方面深化差异化安排。2020年新增发布建筑、卫生、广告、锂电子电池制造四个行业信息披露指引，目前已累计发布21个行业信息披露指引。开展"夯实财务规范基础、提高信息披露质量"专项行动，加强信息披露"关键人"培训，2019年年报按期披露率97.3%，同比提高3.4个百分点。二是公司治理水平进一步提升。制定发布《挂牌公司治理规则》，对不同层级挂牌公司实行差异化的治理标准，明确了挂牌公司股东大会、董事会和监事会运作基本要求，及控股股东、实际控制人、董监高人员义务，并要求精选层公司建立独立董事制度等。同时，开展"落实治理新规、提升治理水平"专项行动，通过对市场主体培训、主办券商督促、开展现场检查等方式，筑牢挂牌公司治理基础。98.8%的公司按规定完善了内部制度，精选层公司均依规聘请了独立董事。三是市场化优胜劣汰机制逐步形成。2020年，有50家公司因公众化水平和规范运作不符合要求被强制降层，113家违规公司被强制摘牌。证监会起草了《关于完善全国中小企业股份转让系统终止挂牌制度的指导意见》（征求意见稿），建立主动终止挂牌、强制终止挂牌的基本制度框架。同时，精选层的设立解决了市场天花板问题，市场吸引力提升，全年主动摘牌公司数量同比下降50%，8家摘牌公司再次申请挂牌。

（三）投资端基础更加稳固

深化改革以来，降低投资者准入门槛、公募基金投资新三板等政策相继落地，壮大了投资者队伍，丰富了投资者结构，市场交易活跃度提升。个人投资者方面，基于市场分层实施差异化的投资者准入制度，将自然人投资者证券资产要求由500万元，降低至基础层200万元、创新层150万元、精选层100万元，2020年末全市场合格投资者数量达165.8万元，是上年末的7.1倍。公募基金方面，证监会发布《公开募集证券投资基金投资全国中小企业股份转让系统挂牌股票指引》，允许公募基金投资精选层股票，同时进一步明确公募基金投资精选层公司相当于上市公司，消除存量基金入市障碍，截至2020年末，16只公募基金可投资精选层，其中7只新设公募基金累计募集115.8亿元，有效认购23.6万户。外资方面，中国人民银行、中国证监会、国家外汇管理局联合发布《合格境外机构投资者和人民币合格境外机构投资者境内证券期货投资管理办法》，允许QFII、RQFII投资新三板挂牌股票，全国股转公司配套出台了业务细则，为QFII和RQFII投资新三板政策落地提供保障。"愿意来、愿意投"的市场生态得到深化，2020年全市场日均参与申报投资者数量同比增加2.4倍。

（四）制度功能基础更加完善

一是融资功能明显提升。引入公开发行制度，制定公开发行、保荐承销、审查和挂牌委员会等规则，允许符合条件的创新层公司向不特定合格投资者公开发行并进入精选层，满足了优质企业大额融资需求。自2020年7月27日精选层开市至2020年末，41家公司公开发行融资105.6亿元。优化定向发行机制，在发行时点上，既可以在申请股票的同时，也可以在股票挂牌后，实施定向发行；在发行人数方面，取消单次发行新增股东不超35人限制；引入自办发行机制，面向公司内部人且连续12个月内发行股份不超一定金额和比例的，可豁免聘请主办券商和律师出具专项意见；新增授权发行，允许年度股东大会授权董事会在募集资金总额不超一定范围内分次发行。2020年，挂牌公司定向发行675次，融资232.9亿元，其中自办发行183次，融资15.1亿元。二是估值定价功能改善。精选层公司实施连续竞价交易方式，基础层、创新层公司实行撮合频次不同的集合竞价交易或做市交易，其中基础层、创新层集合竞价频次分别增加至每日5次和25次，满足了市场差异化交易需求。2020年全年市场合计成交1294.6亿元，同比增加56.8%，市场整体市盈率提升至21.1倍，精选层市盈率28.1倍，市场估值定价能力改善。三是新三板枢纽功能得到强化。证监会发布《关于全国中小企业股份转让系统挂牌公司转板上市的指导意见》，允许符合条件的精选层公司直接申请转板至科创板或创业板上市，目前沪深交易所和全国股转公司配套规则已经发布实施，转板机制进入实操落地阶段。同时，在证监会区域性股权市场创新试点工作统筹下，新三板正在积极探索建立与区域性股权市场的合作对接机制。

（五）风险防控基础更加牢固

坚持"建制度、不干预、零容忍"方针，不断健全监管制度规则，规范市场主体行为，加大科技手段应用，确保了2020年全面深化新三板改革平稳落地，形成了风险防控与改革、业务工作同部署同推进的机制和经验。一方面，自律监管基础更加夯实。配套新证券法落地，围绕新三板改革与发展，制定或修订64件业务规则，为规范市场主体行为、加强市场监管提供制度保障。严厉打击违规行为，强化公司监管和交易监察，2020年共采取自律监管措施1451件，纪律处分260件，内幕交易核查99家次；出具问询函643份，同比增长12.6%。压实中介机构责任，完善主办券商执业质量评价制度，细化主办券商负面行为清单，对信息披露不充分、会计师事务所执业能力存疑的6家公司及时公开问询，并通报证监会相关部门。加强自律监管与行政监管协调，配合制定精选层稽查立案标准，不断完善线索报送机制。另一方面，科技监管效能大幅提升。升级信息披露智能监管系统（以下简称"利器"系统），优化定期报告审查功能，已构建1000余项监管指标体系，提高了挂牌公司风险监测能力。优化市场监察技术手段，开发上线新一代监察系统，实现全业务类别各类交易异常事件的实时监测预警。

二、进一步深化改革面临重大机遇

当前，我国经济发展稳定恢复的态势得到不断巩固，新发展格局构建、创新驱动发展、科技自立自强等国家战略实施对资本市场服务中小企业创新发展提出了更高要求，而有利的宏观政策环境、资本市场的结构性变化和注册制改革的深化，为进一步深化新三板改革提供了契机和强大动力。

（一）新发展格局拓宽了新三板市场服务空间

"十四五"期间，我国将加快构建以国内大循环为主体、国内国际双循环相互促进的新发展格局。资本市场在促进科技、资本和实体经济高水平循环方面具有枢纽作用，这对新三板市场改革发展提出了更高要求，也提供了机遇。当前和今后一个时期，我国宏观经济环境总体向好，2020 年我国 GDP 实现同比增长 2.3%，是全球唯一实现正增长的主要经济体，国际货币基金组织（IMF）预计 2021 年我国经济将增长 8.1%，实体经济尤其是贡献 GDP 超 60%、数量占比超 90% 的中小企业发展潜力巨大，进一步打开了新三板育英"小特精专"的空间。新三板可以依托在服务中小企业方面积累的丰富经验，充分发挥制度优势，引导市场资源配置，促进创新与风险资本高效对接，实现培育创新创业的功能，服务好新发展格局建设需求。

（二）支持中小企业发展的政策打开了新三板制度空间

党中央、国务院高度重视中小企业发展，近年来密集出台了多项支持政策，涉及多层次资本市场多个方面。比如，鼓励民营中小企业利用资本市场发行股票、债券及其他融资工具，扩大直接融资规模，这就要求资本市场不断创新，丰富适应中小企业需求的融资工具；完善股票发行和再融资制度，提高民营企业挂牌上市、再融资的审核效率，这就要求进一步"简政放权"，优化审核机制，提高融资效率，降低融资成本；改革完善股票市场发行、交易、退市等制度，为优化资本市场基础制度提出了新要求。党的十九届五中全会明确提出，"十四五"时期要提高直接融资比重，支持创新型中小微企业成长为创新重要发源地，这为新三板制度创新和产品创新打开了空间。

（三）资本市场结构性变化为进一步深化新三板改革提供强大动力

一方面，我国资本市场投资者结构逐步改善，"机构化"特征显现。截至2020 年末，各类机构投资者持有 A 股流通股市值占比约 48%，较 2019 年末提高近 2 个百分点。公募基金方面，我国人均国内生产总值已跨越 1 万美元关口，中等收入群体超过 4 亿人，居民扩大权益投资的需求快速上升，同时公募基金产品注册机制优化提高了审核效率，共同推动公募基金规模壮大，2020 年末公募基金规模近 20 万亿元，其中权益类基金规模近 7 万亿元，且继续呈现扩张趋势。长期资金方面，年金基金投资权益类资产配置比例上限提高至 40%，保险资金权益类资产配置比例上限最高可达 45%，取消 QFII/RQFII 投资额度限制，扩大了资本市场长期资金来源，同时境外投资者通过沪股通和深股通参与境内资本市场的热情高涨，2020 年北向资金持续净流入超 2000 亿元。另一方面，资本市场投融资生态进一步改善。我国刑法修正案（十一）的出台，与以信息披露为核心的注册制改革相适应，与新证券法在法律责任体系上有效衔接，大幅度提高了欺诈发行、信息披露造假、操纵市场和中介机构提供虚假证明文件四类证券期货犯罪的刑事惩戒力度，使资本市场投融资生态良性发展。新三板作为多层次资本市场的重要一环，我国资本市场发生的结构性变化为新三板进一步深化改革提供了强大的推动力。

（四）资本市场其他板块改革先行先试为新三板深化改革提供了宝贵经验

注册制改革是本轮资本市场改革的"牛鼻子"。设立科创板并试点注册制、创业板改革并试点注册制等一批重点改革相继平稳落地，为下一步包括新三板在内的其他板块注册制改革奠定了实践基础。科创板和创业板改革是一项全面系统的制度性改革，涉及发行、上市、信息披露、交易、退市等一系列基础制度，两个板块在基础性制度方面的先行探索和试验，有利于形成可复制可推广的经验，为新三板持续深化改革提供了经验借鉴、打开了空间。在注册制从增量市场向存量市场不断深入的背景下，新三板应充分抓住全面实行注册制这一契机，持续深化改革，不断完善市场制度体系、产品体系和服务体系，提升市场融资和交易功能，更好地引导资源配置，满足不同类型中小企业的多元化需求，吸引更多市场主体参与新三板市场。

三、进一步深化改革的工作思路

2021 年是"十四五"开局之年，也是新三板进一步深化改革之年，全国股转公司将以习近平新时代中国特色社会主义思想为指导，坚决贯彻党中央、国务院和证监会党委决策部署，坚持"建制度、不干预、零容忍"方针，聚焦发挥育英"小特精专"功能，以打造服务中小企业创新发展平台为目标，以严守风险底线为前提，进一步深化新三板改革，在抓改革谋划落地、抓改革配套服务、抓改革风控保障三个方面狠下功夫。

（一）抓改革谋划落地

"深化新三板改革"和"全面实行股票发行注册制"均纳入国家"十四五"规划重点任务。下一步，我们将按照证监会统一部署，抓好改革谋划和各项准备工作，主要思路是以新三板注册制改革为抓手，创新完善准入、发行、交易、监管、投资者保护等环节的基础制度，发挥好精选层引领带动作用，促进创新层、基础层协同发展，完善市场功能，提升市场活力和影响力，更好地支持中小企业直接融资和高质量发展。一是探索建立更加精准、包容的准入标准体系和更加多元、灵活的准入路径，突出新三板育英"小特精专"功能定位；二是评估完善发行审查、保荐承销、并购重组制度，提高审查和发行效率，研究中小企业快速进入精选层的通道和机制；三是丰富融资工具，推出可转债融资品种，推动优化优先股制度，构建与中小企业特点和需求相匹配的股债结合类融资工具体系；四是创新交易机制，完善做市商制度，推动混合交易制度落地，稳妥推进融资融券交易；五是推动解决各类长期资金入市障碍，丰富投资者适当性评价维度，持续扩大投资者队伍。

（二）抓改革配套服务

进一步深化改革，既需要健全有效的"硬制度"强化市场功能，也需要成熟完善的"软服务"促进制度功能发挥。下一步，我们将以服务深化改革为目标，以市场需求为导向，创新服务体系，全面提升市场服务质量。一是加强对外信息服务，完善新三板指数体系，丰富指数类型，分步推进精选层投资型指数开发，依托金融科技手段探索更具针对性的投融资对接服务；二是优化服务基地建设布局，拓宽地域覆盖面，构建"总部+基地"网格化服务体系，持续优化基地人员配置，创新服务方式和形式，发挥好在地化服务功能；三是加大市场推广力度，加强增量企业培育，拓展后备企业资源，优化存量企业定向服务，提升挂牌企业获得感；四是丰富培训和投教体系，加强市场宣传推介，升级打造"走进新三板""新三板媒体之家""走进挂牌公司"等系列品牌活动。

（三）抓改革风控保障

进一步深化改革推进过程中，需要把防控风险放到更加重要的位置，坚持风险防控与深化改革同部署、同落实。下一步，我们将继续践行"建制度、不干预、零容忍"的政策方针，加强监管协作，提升市场监管效能，健全风险防控机制，牢牢守住不发生系统性风险的底线。一是持续提高挂牌公司质量，完善差异化信息披露体系，辅导规范会计师审计工作，推动出台终止挂牌指导意见，配套发布终止挂牌实施细则，进一步健全市场化退出机制；二是强化日常监管，推进二级市场监察与公司监管联动，加强自律监管与行政监管衔接，压实中介机构"看门人"职责；三是加强风险监测与防范，摸排评估挂牌公司风险，主动识别潜在风险，根据风险等级将挂牌公司分类并实施精准监管，加强新系统上线前的技术和业务演练；四是推进科技与业务深度融合，落实数据治理两年行动方案，夯实科技监管数据基础，升级"利器"系统，完善新一代监察系统，提升科技监管水平。

制度探索

证券交易与转让的法律规制研究

王盛军*

摘　要：本文尝试在新证券法框架下，对公开与非公开、上市与挂牌、转让与交易等法律概念的内涵和外延进行比较分析和研究，厘清有关概念的差异与边界。梳理新三板市场证券监管的基础法律逻辑，结合新三板市场的发展情况，提出对新三板市场的未来展望，并对制度和规则的完善提出建议。

关键词：证券交易　证券转让　新证券法

证券法（2019）修订之后，推出了证券公开发行注册制，全国股转系统挂牌公司股票的公开转让是否需要纳入注册制进行监管，定向发行应当如何监管，公开转让与全国股转系统的股票交易与转让制度之间的关系如何，这些问题都需要在厘清全国股转系统交易制度的法理基础和制度框架之后，进行深入讨论与研究。总的来讲，我们认为证券交易相较于证券转让而言，更适合用于描述证券二级市场的证券买卖行为，发生在全国股转系统的证券买卖行为应当用交易一词来描述。证券法（2019）推出的是公开发行注册制，公开转让的法律性质是交易行为而非发行行为，不适用公开发行注册制。应当在全国股转系统多年的自律监管实践基础上，探索和构建全市场的公开交易监管制度。

需要特别说明的是，尽管习惯上人们将"新三板"与全国股转系统相等同，但本文尽量使用全国股转系统概念。其原因在于："三板"本意为主板、

──────────

＊ 王盛军，北京市康达律师事务所高级合伙人，资本市场业务委员会主任。本文为全国股转系统2020年委托课题"证券交易与转让的法律规制研究"的成果摘要。课题组成员：叶林、张子学、李赫、张力、李辉、任亚男。

二板（中小板、创业板）之外的证券交易场所，同时也区别于四板（区域性交易市场），但目前全国股转系统已经从单纯的股份转让演化出比较成熟的股票交易、证券发行等功能，与"新三板"的原含义已相去甚远，也与全国股转系统未来的发展方向不相吻合。或许，可以在理论界与实务界发起讨论，将全国中小企业股份转让系统更名为全国中小企业股票交易系统，这样更契合实际情况。

一、全国股转系统的证券"交易"与"转让"

（一）结合证券法的立法过程讨论"交易"与"转让"的含义

从证券法颁布以及历次修订中，对于"交易""转让"两个词语使用情况考察，与场外市场、非公开发行相关联的情况下，对于"交易"一词的使用持谨慎态度。基于对公开发行证券进行严格监管的立法设计思路，以及制度设计上将公开发行与上市交易绑定的路径依赖，导致慎用"交易"一词。

证券法的立法目的之一就是规范证券发行和交易行为，无论转让与交易的关系如何，转让在证券法中都不是一个常用术语。自 1998 年立法伊始，就主要着眼于证券的公开发行及上市交易，在早期证券法的立法过程中，基本上不涉及非上市证券流通的规制等内容。在证券法中"证券交易"一章，关于"交易"和"转让"两种表述的使用情况梳理如表 1 所示。

表 1　关于"交易"和"转让"在证券法中的表述

时间	条款	内容
1998	第三十二条	经依法核准的上市交易的股票、公司债券及其他证券，应当在证券交易所挂牌交易
2004	第三十二条	经依法核准的上市交易的股票、公司债券及其他证券，应当在证券交易所挂牌交易
2005	第三十九条	依法公开发行的股票、公司债券及其他证券，应当在依法设立的证券交易所上市交易或者在国务院批准的其他证券交易场所转让
2013	第三十九条	依法公开发行的股票、公司债券及其他证券，应当在依法设立的证券交易所上市交易或者在国务院批准的其他证券交易场所转让
2014	第三十九条	依法公开发行的股票、公司债券及其他证券，应当在依法设立的证券交易所上市交易或者在国务院批准的其他证券交易场所转让

时间	条款	内容
2019	第三十七条	公开发行的证券，应当在依法设立的证券交易所上市交易或者在国务院批准的其他全国性证券交易场所交易。 非公开发行的证券，可以在证券交易所、国务院批准的其他全国性证券交易场所、按照国务院规定设立的区域性股权市场转让

2005 年的修订中第一次使用了"转让"这一表述，而 2019 年的修订中，明确了公开发行的证券应当在依法设立的证券交易所上市交易或者在国务院批准的其他全国性证券交易场所交易，而且第一次提到关于非公开发行的证券转让行为的规制条款。这一修订为建立健全多层次资本市场相关制度奠定了证券法这一上位法基础。

在证券法（1998）立法伊始，并未能明确区分发行和交易行为，只规定了经依法核准的上市交易的股票、公司债券及其他证券应当在证券交易所挂牌交易。"经依法核准的上市交易的股票"规定的核心包括核准制下经核准的公开发行行为，并且经核准公开发行的股票在上市环节仍应取得中国证监会的核准，强调的是上市交易与公开发行同样需要经过核准程序，并且将公开发行行为与上市交易行为严格绑定在一起，经核准公开发行的股票必须上市交易。

通过与证券法（2005）、证券法（2019）的修订比较分析，可以确认"挂牌交易"的概念应当指的是"上市交易"。"挂牌交易"这一概念，在证券法（2005）修订之后未再被使用过。"挂牌交易"在国内的证券法立法以及历次修订过程中具有了特定的含义，即该表述曾经隐含着上市交易的内涵。

在全国股转系统未来的规则制定活动中，如果需要使用"挂牌交易"这一表述，应当将其界定清晰，以免造成概念上的混淆。以"交易"取代"转让"是全国股转系统相关规则中的修订趋势，符合"交易"一词的本意，有利于消除证券法立法过程中对于交易一词的偏谨慎的使用方式。在《非上市公众公司监督管理办法》（2019 修正）中，有 12 处表述使用了"挂牌"这一概念，均与"公开转让"连接使用，形成了"挂牌公开转让"这一概念，股票挂牌公开转让的公司，俗称"挂牌公司"。挂牌公开转让就是公开交易，但是这里的公开交易与上市交易不同，公开交易（挂牌公开转让）受证券法、国办发〔2006〕99 号文、国发〔2013〕49 号文、《非上市公众公司监督管理办法》等相关规定的规制。

在证券法 2005 年修订后，发行行为与交易行为切割，公开发行与上市交易分离。证券的公开发行实行注册制，证券的交易也需要摸索出适应中国国情的监管制度，全国股转系统在这一过程中将继续起到至关重要的作用。

通过对 2005 年证券法修订的分析，立法者在考虑如何使用"交易"和"转让"这两个概念时进行了取舍，最终从谨慎监管的角度出发，选取了"转让"这一涵盖范围更广的概念。这种选择的初衷不是"转让"这一概念更能体现其所需要描述行为的准确性，而在于这一概念所涵盖的范围更宽泛，从而能够实现对于公开发行的有效监管，或者说更严格的、不留空间的监管。

交易的本意是证券买卖，交易不仅包含了上市交易、在国务院批准的其他全国性证券交易场所交易，也包括在证券交易场所之外的证券转让行为，只要是证券买卖行为，都应当属于交易行为，涵盖在证券法的规制内。从证券的发行和交易、公开与非公开两个维度，证券法的监管包括：第一，公开发行且公开交易；第二，公开发行但不公开交易；第三，非公开发行且公开交易；第四，非公开发行且非公开交易。上市公司、精选层挂牌公司属于第一种情况，基础层和创新层属于第三种情况，绝大部分的没有挂牌的企业属于第四种情况，而第二种情况在证券法上是没有依据的。

2019 年证券法修订的一大亮点是，不再将公开发行与上市交易一对一绑定，而是将公开发行的证券的交易场所范围扩大到国务院批准的其他全国性证券交易场所。《证券法》（2019）第三十七条第一款理解起来不难，难理解的是第二款：非公开发行的证券，可以在证券交易所、国务院批准的其他全国性证券交易场所、按照国务院规定设立的区域性股权市场转让。也就是说，《证券法》（2019）第三十七条第二款的规定是，非公开发行的证券可以在交易所或者全国股转系统转让，也可以不在交易所或者全国股转系统转让。非公开发行的证券在交易所或者全国股转系统转让的，可以通过公开交易的方式进行转让，比如集合竞价交易、做市商交易等。证券法（2019）没有对于公开交易这一行为设定审核监管制度，而是用"可以转让"这样的表述，为进一步放松监管创造了条件。

"交易"的狭义内涵是指在法定的交易场所的公开交易，由交易场所提供交易制度和交易设施，并且完成证券买卖以及交付。就本文的研究目的而言，在交易所的上市交易，以及在全国股转系统的交易，包括在精选层的连续竞价交易以及在基础层、创新层的集中竞价交易、做市交易，都符合我们理解的交易的狭义内涵。因此，我们建议将全国股转系统证券交易的核心和基础概念从"公开转让"调整为"证券交易"或者"挂牌交易"，并在此基础上形成证券公开交易的监管逻辑。

"交易"一词通常与"公开的集中交易方式""证券集中交易""场内的集中交易""公平的集中交易"相连接使用，都是与交易场所、交易制度相关联使用，证券交易所、国务院批准的其他全国性证券交易场所为证券集中交易提供场所和设施。因此，使用"交易"一词来表述发生在全国股转系统的证券买卖并无不妥。

此外，《证券法》（2019）第三十七条第二款规定非公开发行的证券可以在全国股转系统转让，是否隐含着"非公开发行的证券不可以在全国股转系统交易"这一禁止性规定呢？我们认为，并不能这样对证券法进行反面解释，其含义应当是可以进行集合竞价交易这类的转让，也可以进行做市商这类的转让，还可以进行其他交易场所认可的转让方式，包括盘中协议转让，只要不构成变相公开发行即可，不违反证券公开交易的监管制度即可。证券公开交易的监管制度是什么呢？证券法没有明确，那么就需要在行政法规层面进行规制。证券交易场所可以为非公开发行的证券的公开交易提供基本制度和基础设施。这是我们在对《证券法》（2019）第三十七条第二款进行解读的基础上，结合全国股转系统实务提出的核心观点。

（二）从证券法理论的角度理解"交易"的内涵

交易是股票持有人为买卖股票而产生的行为，证券法对此进行规制之后，才有了法定的交易场所。是否有法定的市场是第二顺位的问题，因为先有交易再有监管。关于如何规制市场上的证券交易行为，证券法关注的核心在于公开的交易行为以及变相公开的交易行为，而非公开的交易行为涉众性不强，不是证券法关注的重点。

转售在我国目前公司法和证券法中都没有相关表述，关于如何定义转售以及如何监管转售行为，涉及非常多的体系化的问题。从老股出售的方式来分析，包括两种不同的行为模式，其监管方式也应当有所区别：（1）类似于发行行为的出售，一次性将较大数量的股票以询价、簿记、拍卖或其他方式出售给投资人，这种情况下，转售应当以类似于公开发行的方式进行监管。我们这里讲的是类似于公开发行的方式，这里面也涉及比较复杂的监管逻辑，本文不再深入讨论。（2）依据"安全港规则"转售，相关股票在公开交易中出售，不允许一次性的大量股票的出售行为，而是以集合竞价的方式，并与其他公开发行或非公开发行的股票一样，在二级市场上进行交易。安全港规则包括出售人的身份限制、持有时间、出售方式等。对于第二种情形下的转售，我们认为其属于交易的一种表现方式，应当适用以公开交易为监管逻辑起点的相关制度。

转售是与转让和交易从不同角度进行的划分，转售描述的是老股转让行为，仍然是与发行这一一级市场行为相区别的二级市场的流通环节，且提到转售这一概念通常与一定程度上受到限制的交易有关，所以可以将转售理解为一种交易的表现形式。挂牌公司在全国股转系统非公开发行的股票，以及挂牌前的老股在挂牌后的转让，在交易过程中是否需要进行限制，可以笼统地称为转售是否需要受到限制，我们认为从保护投资者的角度出发，应当进行必要的限制，但是从促进全国股转系统流动性的角度考虑，这一限制不宜过严。

（三）关于"公开转让"的公司法、证券法渊源

"公开转让"是全国股转系统监管的基础概念之一，其看似脱胎于公司法的"股份转让"等相关规定，实质上关注的核心为是否监管公开交易以及监管的程度，归属于证券监管问题。

证券法对于公开发行、变相公开发行作出了很多的约束，导致公开转让在很多场景下被视同公开发行，从而受到严格的监管限制，或者需要不时面对立法过程中的谨慎处理。股票公开转让以及与股票公开转让相结合的定向发行，是否构成变相公开发行，是理论界和实务届都非常关心的问题，其核心是公开交易如何进行监管。

（四）结合新三板讨论"证券交易"一词的适用

挂牌公司进入精选层之前，进行了向不特定合格投资者的公开发行，且经过了股转公司的审查，以及中国证监会的核准，精选层挂牌公司与上市公司在涉众性、证券监管方式等方面，并无本质差异。

继续使用"公开转让"来描述全国股转系统的整体交易环境已不够准确，使用"集中交易"或者"挂牌交易"适应性更好，更能全面反映全国股转系统这一公开市场的整体情况和现状。证券二级市场鼓励流通，流动性充足才能形成股票定价，从而实现资本市场的价值发现的基本功能。证券法通过规范公司的发行行为和股东的交易行为，实现资本市场的有序发展和理性繁荣。

股票"交易"这一行为本身是资本市场所鼓励的行为，但是证券法的立法以及演变，不断调整对于发行行为和交易行为的规范。证券法在制度框架上的

包容性，为非公开发行证券的公开交易预留了空间，其交易行为如何进行监管，是证券监管机构和证券交易场所需要研究、面对和解决的问题。至少可以肯定的是，证券法层面并不禁止非公开发行证券在交易所和全国股转系统进行交易。

立法机关一贯十分谨慎地厘定公开转让与公开发行的界限。在《非上市公众公司监督管理办法》的修订过程中，曾经一度将公开转让的范围明确扩大至社会公众，但在很短时间内的修订版本中舍弃了该做法。在国发〔2013〕49号文中，将挂牌公司依法纳入非上市公众公司监管，隐含着不适用"上市交易"这一概念，而历史上"上市交易"与"公开发行"相绑定和对应，其核心目的在于，界定挂牌公司的非上市公众公司地位，明确地将挂牌公司的公开转让与上市公司的公开发行区别开。

证券公开发行行为涉及的是销售行为，其核心法律关系是发行人与投资者之间的投资关系，而公开转让是股票的买卖关系，属于证券交易环节。公开转让行为属于交易行为而不是发行行为，不能完全或者主要适用关于公开发行的监管逻辑，而是应当主要适用关于公开交易的监管原则。受限于实务中市场主体复杂商业行为以及其他客观因素的影响，如何避免以及监管相关公司借道挂牌公开转让、定向发行并转售，而进行变相的公开发行行为，这虽然是需要考虑的一个重要监管问题，但并不必然导致公开转让行为本身的性质就转换成公开发行行为，纳入公开发行的监管。

新证券法中没有关于豁免发行注册的相关规定，如果将公开转让视同公开发行，沿着在证监会层面进行豁免注册的逻辑进行，则上位法依据不足。从定性的角度分析，挂牌公司的公开转让行为不是发行行为，应当纳入证券交易的监管范畴，受限于全国股转系统信息披露的制度和合格投资者制度，公开转让已经严格纳入证券交易的监管范围，包括证券法、中国证监会的监管以及全国股转系统的自律监管。在此基础上，应当继续斟酌其监管力度与程度，斟酌风险管控要求和对于投资者的保护程度，寻求监管和市场之间的平衡。因此，可以在国务院单独制定条例时，明确在全国股转系统的公开转让行为属于交易行为，纳入证券交易的监管范畴。至于挂牌公司的定向发行行为，虽然挂牌公司股票持续处于公开转让的状态，但是只要定向发行后股东人数不超过200人，则仍然属于非公开发行行为，其后的公开转让仍以证券交易监管为逻辑起点，明确此类发行行为并不属于变相的公开发行行为，为中小企业在全国股转系统通过定向发行融资提供制度供给，明确定向发行行为不需要按照公开发行注册制进行审核注册。既做到了监管要求与市场需求的平衡，也符合目前全国股转系统发展的阶段性需求。

公开发行与公开出售老股存在界定上的模糊，在实务监管上存在困难。问题不是出在公开出售老股属于公开发行从而被监管所禁止，而在于如何界定"老股"是个监管难题，发行完毕多久的股票才算"老股"。例如，最近半年发行的股票进行公开出售，是否构成变相公开发行行为？重点应该放在对于公开交易的监管制度设计上面，完全无监管的公开交易必然导致市场混乱，因此国务院办公厅于 2006 年 12 月 12 日发布了《国务院办公厅关于严厉打击非法发行股票和非法经营证券业务有关问题的通知》（国办发〔2006〕99 号），严禁任何公司股东自行或委托他人以公开方式向社会公众转让股票。向特定对象转让股票，未依法报经证监会核准的，转让后公司股东累计不得超过 200 人。通过国办发〔2006〕99 号文将对于公开交易的监管要求（公开方式向社会公众转让股票、股东累积不得超过 200 人）嵌入关于"严禁变相公开发行股票"的监管规则之中，起到一定的监管效果，但是也导致发行监管和交易监管的混淆。

二、关于证券交易与证券发行之间的关系

证券发行与证券交易是两个相互独立的法律概念。证券发行创设证券权利，在发行行为中，发行人向投资者交付标的证券，投资者向发行人给付价款作为对价，主要体现发行人与投资者之间的法律关系。证券交易不创设证券权利，在交易行为中，持券人向交易对手交付证券，交易对手向持券人给付价款作为对价，主要体现先后手投资者之间的法律关系。鉴于行为的法律性质不同，对证券发行的监管模式和对证券交易的监管模式理应有所区别。

公开转让不是公开发行行为，属于一种涉众性强的交易行为，并且容易在操作过程中异化为变相的公开发行行为，需要对公开转让这一交易行为进行监管。既要依据其涉众性强的特点进行制度设计，又要考虑防止该行为异化为公开发行。国发〔2013〕49 号文规定，股东人数未超过 200 人的股份公司申请在全国股份转让系统挂牌（公开转让），证监会豁免核准；挂牌公司向特定对象发行证券且发行后证券持有人累计不超过 200 人的，证监会豁免核准。由此建立了全国股转系统公开转让豁免审核的制度安排，说明监管者并不认为公司股

份公开转让需要公权力过多介入，由交易场所进行自律监管就可以起到适当的作用。

我国的注册制是公开发行注册制，在国务院办公厅于 2020 年 2 月 29 日发布的《关于贯彻实施修订后的证券法有关工作的通知》（国办发〔2020〕5 号）中提到，研究制定在深圳证券交易所创业板试点股票公开发行注册制的总体方案，并及时总结科创板、创业板注册制改革经验，积极创造条件，适时提出在证券交易所其他板块和国务院批准的其他全国性证券交易场所实行股票公开发行注册制的方案。注册制的方案具体指的是在交易所以及全国股转系统实行股票公开发行注册制。中国证监会主席易会满在 2020 年 10 月 15 日受国务院委托，将股票发行注册制改革有关工作情况，向全国人民代表大会常务委员会做《国务院关于股票发行注册制改革有关工作情况的报告》。适应中国国情的注册制并不仅仅是对于新发行的股票的注册登记，而是在发行人全面信息披露基础上的审查与注册。

在上述易会满主席的报告中，还提到了按照注册制的要求，改进新三板公开发行及转让制度。公开发行指的是向不特定合格投资者公开发行股票并进入精选层，而转让制度应当指的是包括挂牌公开转让以及挂牌后的转让制度。这是将公开发行和转让作为两个并列的事项进行监管制度的设计思路。

本次证券法的修订是注册制改革的里程碑，此前理论界和实务界所讨论的制度改革围绕的是公开发行审核制度。公开交易的审批制向注册制的改革，其核心仍然是市场与政府之间的关系，新三板、科创板过往所进行的制度尝试，代表的是公开发行制度的变革尝试，而新三板的公开转让自律监管模式，一直以来所代表的都是对于公开交易的"注册制"的创新，通过全国股转系统的实践，寻找对于存量股票的公开交易的监管路径，尝试寻找监管要求与市场需求的平衡与兼顾。

公开交易有可能突破 200 人的限制，挂牌公司不一定乐见这种突破所带来的监管强度的增加。本文暂未找到对于流动性完全没有影响的具体方案。从实务角度可以考虑的方案是，大股东（实际控制人）主动锁定一部分的股票不进行交易（降低其余股票每手的股票数量），其他未锁定的部分与公众持股进行汇总，并约定好等份的一一对应的股票数量，挂牌公司可以在公司章程中约定每笔最低的申报数量，从而避免股东人数在不受控制的情况下超过 200 人。比如，一家公司的现有股本为 3000 万股，前一天收盘价为每股 3 元。大股东持股

80%（2400 万股），假定大股东承诺锁定总股本的 70%，则流通股为总股本的 30%（900 万股），假设挂牌公司考虑后续融资需求，希望现有股东人数不超过 150 人，则可以设定每笔最低的申报数量为 900 万股除以 150 份等于 6 万股，即每手 6 万股，每手价格为 18 万元。

三、关于全国股转系统条例的立法建议

（一）关于全国股转系统相关规则中"转让"与"交易"的区别

证券的二级市场流通活动都可以归类为证券交易行为，证券的转让、证券的交易都可以表述为证券买卖行为。证券交易常用于描述买卖的过程和结果，常见的情况是证券已支付对价并完成交付。证券交易需要交易市场——证券交易场所，证券交易场所为买卖行为提供了场所和设施。

过往的证券法以及相关规范中，对于证券交易行为的表述，倾向于将交易与公开发行相互绑定，以及将交易这一表述限定在交易所市场内证券买卖范围之内。这种立法表述的倾向，应当随证券法（2019）的修订进行调整。多层次资本市场的建立和公开发行与上市交易绑定关系的破除，都拓展了交易在证券相关立法中的使用范围。在全国股转系统这一证券交易场所的相关规则制定活动中，应当使用交易这一表述，从而实现与证券法（2019）概念体系的一致性。

公开发行的证券应当在交易所或全国股转系统公开交易，而非公开发行的证券可以在交易所、全国股转系统以及区域性股权市场转让，这一规定并不能推导出非公开发行的证券不能在全国股转系统交易。我们认为二级市场的股票买卖都是交易，而对于证券的公开交易应当进行适当的监管，包括证监会的行政许可和交易场所的自律监管。全国股转系统的股票买卖可以在行政法规的立法中以及自律监管规则中表述为交易，并且这种交易属于公开交易、集中交易。

将全国股转系统中的证券买卖行为进行准确表述，应当将公开转让这一表述修订为"挂牌交易"，其内涵应当包括公开交易。

（二）公开转让是证券的交易行为并以此为基础建立相关监管模式

证券发行体现发行人与投资者之间的法律关系，而证券交易体现投资者之间的法律关系，两者所涉及的立法原则、利益相关方、公权力的介入方式角度和程度、自律监管的侧重与方式等，都有所区别。结合全国股转系统的挂牌交

易和定向发行行为进行考虑，既要在法律定性上将发行行为与交易行为进行区分，又不能回避挂牌公开交易中存在公开发行的属性，以及定向发行后紧随的公开交易状态，需要结合这些情况进行考量。不回避该等行为的复杂性，不代表在法律定性中模糊处理，仍然需要根据其法律定性确认该行为的监管范式的基准。

在证券法以及相关立法规则的表述传统上，除了交易所市场外，极力回避"交易"一词的使用，有两个互相误导且互相联系的原因：一方面在于对于公开发行的谨慎立法，而传统上公开交易与公开发行绑定，导致公开交易这一表述在立法时被一并慎用；另一方面在于对于公开转让的定性不明，这一带有公开发行属性的证券交易行为，为了避免被误认为公开发行，因此避免使用"交易"一词。公开转让这一交易行为，应当主要适用关于公开交易的监管规则，且考虑其具有公开发行属性而导致的监管特殊性。

证券法（2019）规定分步实行的注册制，是证券公开发行的注册制，并不包含证券的公开交易实行注册制，公开交易的监管制度应当形成其独立的立法逻辑、原则和体系。全国股转系统挂牌以及其后的持续监管的自律监管模式，实质上不仅是公开发行注册制的试验田，也是证券公开交易注册制的试验田，在国务院制定相关条例的过程中，可以借鉴现行全国股转系统公开转让（实质为公开交易）的相关自律监管规则，并结合《非上市公众公司监督管理办法》的立法经验，对于交易所之外的交易场所以及场外市场的证券公开交易行为进行监管立法。

（三）建议恢复基础层、创新层的盘中协议转让

挂牌公司虽然是已经挂牌公开转让的公众公司，但是其挂牌的决策过程可能没有充分考虑挂牌对公司发展的助力和影响，比如受到当地政府的推动或者其他一些单一事项的影响而进行决策，可能没有完整的挂牌和后续融资、股票交易方案，对于资本市场的了解也可能不够充分。这就导致挂牌公司挂牌之后，仍存在一些股权重组的事项需要安排，比如家族内部股权分配的安排、集团内部股权持股方式的调整、处于节税考虑的持股结构调整、大股东（实际控制人）对于定向发行的回购承诺，但目前的交易方式没有非常适合上述安排的交易方式。一个资本市场是否能够服务于实体经济，主要看其制度设计的科学性和合理性，是否能够激励市场交易的活力。本文建议恢复协议转让这一股票转让方式，以便应对挂牌公司所遇到的个性化转让需求。

（四）关于全国股转系统中定向发行的法律定性

在全国股转系统进行定向发行，发行后股东人数在 200 人以内的，属于非公开发行，这一发行行为应当适用全国股转系统的自律监管措施，且应当在相关行政法律规则中予以明确其不属于变相的公开发行行为。非公开发行后的公开交易行为，应当一并在相关规则中以公开交易的视角进行监管，并不需要划入公开发行的范畴进行监管。定向发行后，股东人数超过 200 人的，应当按照证券公开发行注册制的规则进行监管。为确保挂牌公司不出现非主动地增加股东导致股东人数超过 200 人，可以考虑增加关于大股东（实际控制）自愿锁定部分股票的规则，可以在保持流动性的情况下，限定交易份额在 200 份以内，从而限定股东人数。

新三板摘牌公司后续监管

——基于非公开交易型公众公司视角

郑　彧[*]

摘　要：本文探讨了新三板挂牌公司摘牌的后续监管，认为"摘牌公司"在法律属性上应属于"非公开交易型公众公司"，对于这些公众公司要遵循"完全的市场出清"原则，不能继续进行"公开型交易"：一方面，要改变原来那种"公开发行＝公开上市＝维持交易"的固有思维；另一方面，要尝试以市场化方式引导以"非公开为特征"的场外交易市场（系统）的出现，通过建立统一的公众公司信息披露系统来实现公众公司对于公众投资者的法定信息披露义务。

关键词：新三板　公众公司　摘牌　退市　监管

一、公众公司的逻辑转换：两个不同维度

（一）公众公司的"两分法"：公开发行型公众公司与公开交易型公众公司

"公众公司"[①] 的认定核心在于其"公众性"（Public）。"公众性"（Public）的特征存在于两个环节：一个是发行的"融资"环节，解决的是发行人如何将股份出售给投资者的问题，涉及的是增量股份的问题；另一个则是"交易"环

　＊　郑彧，华东政法大学教授。本文为全国股转公司 2020 年委托课题成果摘编。课题组：华东政法大学、上海市方达律师事务所，课题组主要成员：郑彧、王梦婕、马凌君、王珺、陈思玮、邓佩茹。

　①　为论述简便化，本报告所指公众公司均局限于以普通股发行与交易为标志的公司，而不涉及债券、优先股的公开发行或者公开交易。

节，解决的是购买这些股份的初始投资者如何进一步通过有效的渠道（如通过证券交易所挂牌竞价交易）进行二次交易的问题，涉及的是存量股份的问题①。虽然股份上市（挂牌交易）是发行人在进行股份融资后的通常选择，但股份发行本身并不等同于股份上市，② 公司也可以不寻找发行股份而自行直接挂牌上市交易。由此，公众公司其实可以划分成"公开发行型公众公司"和"公开交易型公众公司"两个基本类型（见图1、图2）。

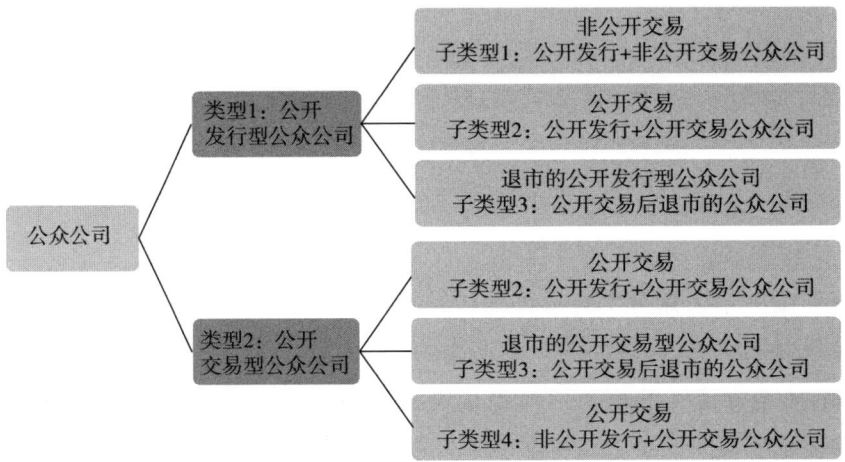

图1 公众公司的类型

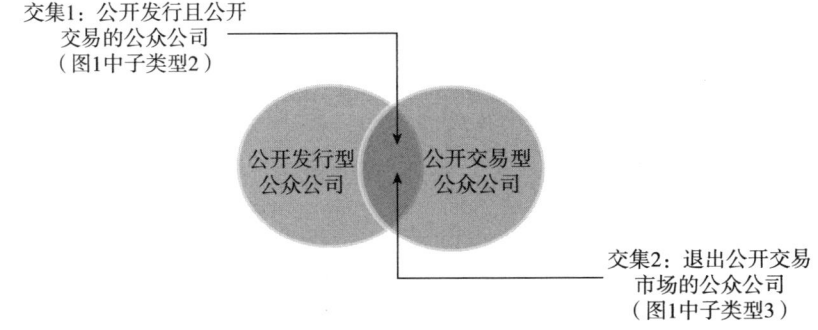

图2 两类公众公司的交集

---

① 在这里，"流动"与"流通"的区别在于："流通"是指资产（这里指证券）能以合理价格变现的能力；而"流动"表达的是资产（证券或资金）配置运行方向的问题。

② 在我国，在政府主导的"审批"控制下，证券的发行与上市形成合二为一的过程，长期的操作经验使市场上有一种"发行＝上市"的错误认识。而在成熟市场，发行与上市实为证券交易不同的阶段。

（二）"两分法"下公众公司的域外监管经验

在美国，1933 年证券法和 1934 年证券交易法构成了两种不同注册要求的公众公司的类型（合称"报告公司"，Reporting Company）。SEC 逐步根据这两部法律的授权制定了一系列为细化公众公司进行信息披露所需要的法令（Regulations）与规则（Rules），并颁布了一整套信息披露注册表格（如 S 系列表格、F 系列表格等）范式，建立起了统一的公开披露系统（Electronic Data Gathering，Analysis，and Retrieval System，以下简称 EDGAR 系统）。而在英国，对于非上市股票的发行而言，公司只需向公司注册署进行注册登记，而无须特定证券交易所的同意或者审核；而对于上市股票而言，发行公司需要得到伦敦证券交易所或者 UKLA 的上市许可。

在股份发行与股份交易二分的逻辑层次下，因为"发行融资"与"上市交易"在程序、功能和监管逻辑上都属于可以互相联系但却相互独立的不同阶段，因此将"公司在证交所'挂牌上市'简化理解为'上市融资'"的观点是片面且错误的。

二、公开交易型公众公司的"市场结构"：多层次资本市场的经济学与法学解释

（一）多层次资本市场的经济学解释

在证券市场发展过程中，集中的证券交易所在很大程度上是为了降低交易成本而进行的制度创新，但资本市场对于市场参与各方提供资源配置的效率仍然要取决于在特定市场从事交易可能带来的成本。受限于监管与服务的成本，证券交易所可服务的上市证券的数量并不是无限量的。而多层次资本市场中的"多层次"是指能够满足不同主体需求、适应不同交易成本的市场结构，由此形成不同的"上市标准"来筛选企业，实现各自的定位目的。一个健康的多层次资本市场当然是应该同时允许赚钱的企业、亏钱的企业、发展成熟的企业、初创企业都能有机会进入不同的市场，以寻求低成本的融资机会和交易机会，形成为发行人和投资者提供最佳交易效率和最低交易成本的市场交易机会。

（二）多层次资本市场的法律体现

1. 市场类型的法律界定：场内交易市场 vs.场外交易市场

场内交易是一种以订单驱动（Order-driven）为特征的市场，而场外交易是一种以报价驱动（Quotation-driven）为特点的市场。订单驱动的市场就是在

一个中心化的市场中，通过将某一特定证券的买入和卖出订单聚焦到一起，出价最高的买入订单和要价最低的卖出订单会不断地发生匹配而得以执行，由此通过最佳价格的发现机制实现中心化市场的有序性、连续性交易；而场外交易市场是一个可以显示可能的"报价—询价"以供潜在交易双方交易参考的价格引导机制，其不具备自动进行撮合交易的功能。由此，产生一个实际的逻辑分类就是，中心化、集中化的证券交易所实施的是"交易"（Exchange）行为，而那些非中心化的场外交易市场只不过是为其会员或者参与者提供了一个价格发现的机制。

2. 市场组织的模式选择："所有者"众多的场内交易市场 vs. 股东单一的场外交易市场

会员制证券交易所天然具有"所有者人数众多"的特点。而20世纪90年代掀起的"非互助化"趋势中，交易所的"所有者"在上市的过程中呈现越来越多的股东人数特征；相反的是，作为场外交易市场，由于新型交易方式并不依赖于所谓市场参与者的"订单连续性"，这就减少了对股票经纪商或者自营商的依赖性，单一股东或者少量投资者就可以建立起基于计算机报价系统的交易设施或者价格交流平台。

3. 市场监管的法律保障：特殊的自律组织 vs. 普通的契约关系

在此基础上的场外交易的"非涉公众"特性，使场外交易场所的交易规则可以不受证券监管机关的"特别管束"，场外交易市场有权自我决定、调整交易规则以满足市场交易的需求，从而使其交易方式更具有灵活性和可变性；而场内交易市场的"涉众性"特点反倒使其交易规则需要受到更多的证券监管机关的"约束"和"牵制"，并不具有完全的自主性。

（三）多层次资本市场结构下的"新三板"："场内交易市场"的定位与功能解构

1. 新三板作为"场内交易市场"的法经济学解释

沪深两地证券交易所主板市场、中小企业板"以三年连续盈利"为标志的发行上市条件树立起一套针对成熟型企业、相对成熟型企业的市场准入筛选标准，但这些指标难以满足大量中小型企业，特别是创新型企业的融资需求。由此，在"满足股份流动性需求"的撮合性市场定位下，新三板市场必然是在多层次资本市场体系中对于交易所市场进行有益补充的同等性质的"场内交易市场"。

2. 新三板作为"场内交易市场"的法教义学解释

在 2017 年交易制度改革中，将股票"盘中交易"的协议转让方式统一调整为"盘中申报、盘中成交"的集合竞价模式后，新三板市场的标准化、份额化、竞价化的交易特点，就决定了其已经从原来的做市商"报价驱动"的场外交易市场模式转向"订单驱动"的场内交易市场模式。

三、多层次资本市场"市场出清"的美国经验

（一）美国多层次市场的基本体系

美国的多层次市场体系由内部具有多层次板块的场内证券交易所和不同类型的场外交易市场组成（见图 3）。

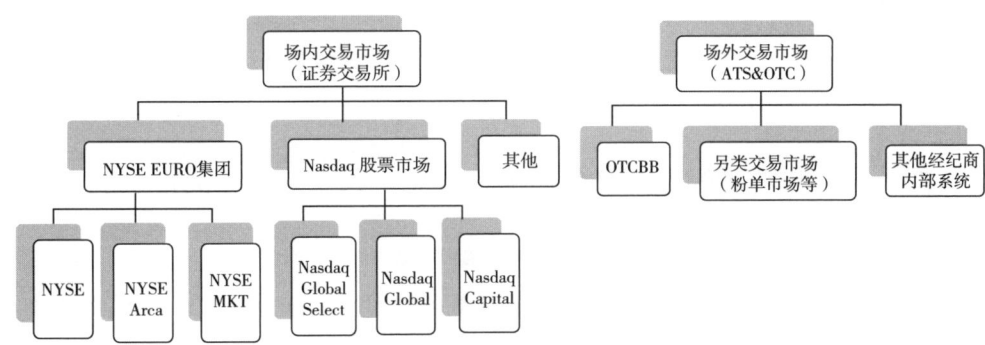

图 3 美国场内交易市场与场外交易市场结构

SEC 希望在场内交易市场和场外交易市场间保持相应的竞争性，鼓励场内交易市场之间、场内交易市场与场外交易场所之间的充分竞争，这也是通过监管实现保护市场、提高市场效率的一个方式。

（二）美国场内交易市场退市（摘牌）标准的设计

美国场内交易市场退市规则的特点在于，其退市标准往往与上市规则和交易规则密切相关、紧密衔接。在退市标准的执行上，交易所具有充分的裁量权和灵活性，以保证上市公司质量与维护投资者权益。主要证券交易所退市（摘牌）的标准既包括主观性标准主营业务情况、是否破产清算、财务运营能力等），也包括客观性标准（股东数量、公众持股量、交易量、市值、股价等），还包括一些合规性指标要求（收入、盈利、资产、股东权益、公司治理结构、信息披露、年报审计要求等）。

（三）美国场内交易市场退市（摘牌）公司的去向

以纳斯达克上市公司的退市为例。一般而言，纳斯达克上市公司如果触发所在板块的退市条件，其仍有机会以降板方式继续在纳斯达克市场公开挂牌交易或者转入场外交易市场进行交易。在此过程中，公司可以自主选择场外柜台市场（OTCBB）或粉单市场（Pink Sheets）挂牌，也可以根据某些股东的经纪商，在履行特定申报程序后，将这些已退市公司的股份交易放至场外市场进行报价、询价。

（四）美国场内交易市场退市（摘牌）公司的后续监管

依据1933年证券法和1934年证券交易法的要求，不论是否仍然继续在场外交易市场进行交易，如果其符合"公众公司"的标准，则这些公司仍应遵守联邦证券法律的所有披露或者报告要求；而如果其不再是法定意义上的"公众公司"，则作为私人公司的非公众型公司的非公开交易就无须受到作为公法的联邦证券法的外力干预。

四、新三板摘牌制度设计的回溯与反思：基于场内交易市场的定位

（一）新三板市场摘牌制度的"拾缺补漏"

1. 摘牌条件的设计仍与交易所市场退市条件对标，未充分显示多层次资本"市场出清"标准的差异化

新三板市场所采取的摘牌规则存在与沪深两地证券交易所的退市规则的高度重合性。对于"有上有下"的新三板市场而言，基于其对多类型、多元化企业的包容度，诸如评估公开交易股票"质量"的盈利或营收标准，评估交投活跃的"市场流动性"标准，以及评估市场信心的"市值"标准应该与证券交易所市场的规则有所区别，不应该与主板市场的退市标准一概而论。

2. 终止挂牌标准可能仍过于严格，需要更多地考虑提高对挂牌公司的包容度

第一，单独将"利润标准"作为调整层级的判定因素逻辑略显简单，没有对应到在挂牌标准中以"利润标准"＋"营业收入"或者"挂牌市值"（"3选1"）的那种复合标准，无法体现摘牌指标与挂牌准入指标的对应关系。

第二，新三板市场的价值是为更多的企业提供更为普遍、更为多元的交易服务，在市场准入端只是以公司资产水平（净资产标准）而非流动性水平（价格标准）作为标准的前提下，面值退市标准相反可能会成为阻碍新三板市场为

中小企业提供更多流动性机会的"拦路虎"。

第三，目前拟议中终止挂牌标准并没有体现新三板市场上对于不同层级挂牌企业更大的包容度，反而收紧了挂牌标准的适用条件。比如，在利润亏损指标方面，将"一年"内出现的相同情形列为调整出"创新层"和"精选层"的事项，而主板市场在各板块中至少还是允许"三年"① 不达标后才触发退市要求，并没有表现出对挂牌公司更为灵活的包容度。

（二）新三板摘牌制度的改进建议

1. 摘牌标准与主板标准的差异化设计

作为梯级递进的多层次资本市场的"压舱石"，新三板市场的摘牌规则更应体现"合而不同"的包容性特点。在"亏损指标+营业收入指标"的复合指标下，可以考虑额外反映市场供求关系的例外标准，设计一种更加缓和的摘牌条件。比如，在亏损情形下满足的特定市值标准，在特定的周期内挂牌公司满足股票流动性比率（成交量与股本之比）要求，在特定时期以周为单位计算的连续单周成交股数达成一定标准等。

2. 摘牌标准与挂牌标准的趋同衔接

"有上有下"的市场状态往往需要依赖于"市场出清"与"市场准入"的趋同标准。比如，可以针对创新层、精选层挂牌条件中的"利润指标""营业收入+复合增长率"和"市值+做市商"的"3选1"设置同样对应的"3选1"调层标准；根据准入标准中"业务明确，具有持续经营能力"的要求相应增加对于无实际运营或者无实体业务的"空壳公司"的退出要求；取消"连续60个交易日，股票每日收盘价均低于每股面值"的"面值调整"标准等。

3. 特定情形下挂牌交易的"休眠程序"

在新三板市场尚不具备向公众投资者融资功能的情形下，对于挂牌后不符合流动性交易要求的公司可以给予更为包容的挂牌环境，如采取一种类似于对于交易完全锁定的"休眠程序"，对不符合挂牌标准的公司的股份在公开市场的交易进行"冻结"，只有待到"解冻"条件满足时才予以恢复场内市场的交易。

4. 摘牌制度执行程序的灵活性考虑

可以允许挂牌公司在出现不符合继续挂牌交易的条件时，在特定的缓冲期

---

① 2020 年 12 月 31 日沪深两地退市新规实施后，该指标由"三年连续亏损的暂停上市+暂停上市期后一年的继续亏损"的过渡指标改为"连续两年亏损"的直接指标。

内继续挂牌交易（但需定期披露消除不符点的措施、进展和可能）；在缓冲期内不符点消失的，可以继续挂牌交易；在缓冲期内不符点继续存在的，则进入摘牌或者"休眠程序"。

5. 全国股转公司特定情形下的酌情摘牌权

在强调新三板市场应该在包容、灵活的基础上支持多元化、多类型的企业的背景下，新三板市场也会碰到制度设计之初所无法遇见的情形，此时，如果能够事先有一个以满足新三板市场定位和"摘牌目的"为标准的"自由裁量条款"，则可确保以制度的不变应对"市场的万变"。

五、新三板被摘牌公司的后续监管：基于非公开交易型公众公司的视角

（一）新三板市场对非公开交易型公众公司并无持续提供流动性服务的义务

首先，并不是所有的公众公司都存在进行公开交易的必要，能否成为公开型交易公众公司取决于作为交易组织机构的场内交易市场的决定，不应该将"上市（挂牌）"认为是公开发行型公众公司的天然性权利，上市（挂牌）是场内交易市场与上市（挂牌）公司之间的双向选择过程，不应成为应然性的"法定要求"。

其次，《非上市公司监督管理办法》（以下简称《非公办法》）第四条明文限定只有"公开转让股票"情形才属于第三板的服务范围，国发〔2013〕49号一文也明确了新三板只应提供"公开转让股份"的服务，这就决定了新三板市场没有为"非公开转让股份"提供场外市场交易的服务定位。

再次，新《证券法》第三十七条规定，只有"公开发行的证券"才应当在依法设立的证券交易所上市交易或者在国务院批准的其他全国性证券交易场所交易，而新三板除精选层存在向"不特定合格投资者的公开发行"外，基础层和创新层的发行都只有"定向发行"的情形，并不满足证券法"进场交易"的法定条件。

（二）新证券法修改背景下新三板摘牌公司并无法定的"流动性权利"

首先，1998年《证券法》第三十二条要求"经依法核准的上市交易的股票、公司债券及其他证券，应当在证券交易所挂牌交易"，2005年证券法、公

司法联动修改时，1998 年《证券法》第三十二条和 1993 年《公司法》第一百四十四条有关"股份转让"的条款双双得以修改（见表 1）。

表 1　2005 年公司法、证券法联动修改比较

部门法	2005 年联动修法之前	2005 年联动修法之后
证券法	第三十二条要求"经依法核准的上市交易的股票、公司债券及其他证券，应当在证券交易所挂牌交易"	第三十九条"依法公开发行的股票、公司债券及其他证券，应当在依法设立的证券交易所上市交易或者在国务院批准的其他证券交易场所转让"
公司法	第一百四十四条"股东转让其股份，必须在依法设立的证券交易场所进行"	第一百三十九条"股东转让股份，应当在依法设立的证券交易场所进行或者按照国务院规定的其他方式进行"

结合 1998 年证券法立法和 2005 年证券法修改的背景和立法参与者的说明，"非上市公众公司"的股份转让方式其实并不应该仅仅被狭义地理解为受限于以竞价交易为主要特点的这些场内交易场所，其转让方式还可包括通过场外交易市场的报价所实现的特定对象之间的转让。

其次，证券法遵循的是"发行与上市合二为一"的方式，而非发行、上市各自独立的方式。但这套适用于沪深主板体系的监管惯例却很难套用到新三板的挂牌公司：因为根据原先《非公办法》的规定，非上市公众公司（包括公开转让公众公司）只存在"股票转让"（第四章）和"定向发行"（第五章）两类行为，新三板市场这套"定向发行"的规则与交易所市场"先发行、后上市"的惯例规则完全不一样。

最后，如果对照修改后新《证券法》第三十七条的规定，新三板只有精选层存在"向不特定机构投资者公开发行"的行为，其他在创新层、基础层挂牌的公众公司要么不存在发行的行为（只是因为公开转让超过 200 人的标准），要么只存在"定向发行"超过 200 人构成需要核准的情形，均不涉及规则上的"公开发行"行为，这就决定了该条的规定其实不应适用于新三板摘牌公司的后续股份转让。

（三）公开流动性隔断背景下新三板摘牌公司的后续监管建议

1. 对于"非公开交易型公众公司"投资者保护的重点应在于信息披露的保护而非继续交易机会的提供

过往对于公众公司监管理念和监管实践的偏差在于以"公众化的结果反推

公众化的监管方式", 即将"投资者的公众化"等同于"交易的公开化", 由此产生的结论是试图"为公众化的公司提供公开化的市场退出机会"。但事实上, 基于公开发行型公众公司与公开交易型公众公司的差异化之分, 摘牌后的公司不应再沿用公开交易型公众公司的监管方式。而且新三板在制度设计上均是面向合格投资者进行, 并不像交易所市场那样面对普通公众投资者, 如果说老三板市场的存在是一种对于"公众投资者"的特殊保护措施的话, 那么在新三板市场中设置"合格投资者"的准入意义本身就是这些合格投资者要对包括流动性风险在内的交易风险自负责任。

2. 通过建立对所有"公众公司"统一适用的信息披露报告系统以实现对"非公开交易型公众公司"的信息披露监管

对于无论上市与否的所有公众公司采取以"信息披露为主"的监管方式已经是一种全球证券监管的共识。由此, 证券监管机关应承担起构建统一、规范的信息披露基础设施的功能。截至目前, 中国证监会并没有诸如像 EDGAR 那样可统一适用于"公众公司"的单一信息披露系统, 无法做到跨市场、跨证券品种的信息查询, 因此我们建议由中国证监会授权全国股转公司开发统一的公众公司信息披露平台 (如该等平台的名称为"全国公众公司电子申报与披露系统"), 逐步将所有公众公司 (不论上市或者退市、挂牌或者摘牌, 也不论公开发行型公众公司还是公开交易型公众公司) 的法定信息披露文件整合到一个统一的系统中进行申报、注册、登记、管理和检索。

3. 由新三板市场主导建设一个真正的会员制场外报价系统

从技术上讲, 即便挂牌公司被摘牌, 投资者所持有的对于发行人而言的证券权利仍然是完整的, 退市或者除牌并不会影响证券持有人对于证券的任何股东权利, 只要有愿意的买家, 他仍然可以进行证券交易。因此, 全国股转公司可以继续向后端衍生建立出一个具备真正意义的场外交易市场作为多层次资本市场的必要组成部分。但过往"强制性变迁路径"在很多时候呈现的是"政府在前面拉着市场在往前走", 而不是"政府在后面帮着推动市场往前走"。我们建议"场外报价系统"不搞强制入伙, 不摊派任务, 完全以市场化的方式发起, 以真正的会员制形式运作, 由会员真正按照章程决定这套系统运营过程中包括人事、技术、规则、利益分配的一切事情。场外交易系统只履行报价的职能, 不进行撮合, 真正形成由会员以"会员契约"方式进行自我管理和自我约束的自律性法人组织, 证券监管机关只作为规则设计和规则执行的外部监管方确保转让规则对于所有当事方的公平性，不去干涉场外交易系统的任何运营性决定。

4. 摘牌公司股东权利行使的证券法与公司法衔接

新三板挂牌公司被摘牌后在公法义务层面主要需受制于证券法所要求的法定性的强制信息披露的要求：（1）摘牌公司没有履行发布定期报告（年报和半年报）的义务，或者信息披露义务不真实、准确、完整，摘牌公司及其董事应受到《证券法》第一百九十七条有关违反信息披露义务的行政处罚，同时投资者可以援引《证券法》第九十五条有关"普通代表人"和"特别代表人"规定追究摘牌公司及其董事（包括可能存在的"首恶"）的赔偿责任；（2）如果摘牌公司的股东违反摘牌后不得进行公开转让的规定，可参照《证券法》第一百八十六条的规定给予警告，没收违法所得，并处以买卖证券等值以下的罚款。

与此同时，新三板摘牌公司的股东权利保护不应是更多地依赖于证券法的公法保护，而是更多地依赖于作为私法的公司法的股东权利保护（除非违法行为是发生在新三板摘牌之前而构成对于证券法的违反），除了信息披露以外的诸如知情权、分红权、参与公司治理、投票权等权利纠纷仍应该通过公司法的路径寻找司法的最终解决。

日内回转交易机制的法律视角分析

白 芸*

摘 要：日内回转交易机制作为提高市场流动性、减少投资者隔夜持仓风险的重要抓手，在境外资本市场被广泛采用。本文首先从实施日内回转交易机制的法律依据出发，论证在新三板市场实施该机制不存在上位法律法规障碍；其次，分析了实施日内回转交易机制涉及的法律问题，如交易各方的基础法律关系，证券、资金交收的风险来源及应对措施等；最后结合前述分析，提出加强证券公司的投资者管理义务、加强对证券违法行为的监控监测等风险控制手段，以期为今后在证券市场普遍推行日内回转交易机制提供有效的监管路径。

关键词：日内回转交易机制　基础法律关系　交收风险　监管路径

一、日内回转交易机制概述

日内回转交易（又称T+0交易机制、当日反转交易）是指允许投资者买入的证券，经交易系统确认成交后，在交收前全部或部分卖出的交易机制。由于境外证券市场一般允许卖空，因此境外"日内回转交易"制度的内涵要宽于境内的定义，除了包括投资者当日买入的证券当日卖出，也包括投资者当日卖出（卖空）的证券当日买回的情况。本文仅讨论在证券交收前买入并卖出证券的情形。

日内回转交易机制在境外被广泛采用，其有着提高市场流动性和有效性，减少投资者隔夜持仓风险的优势，但是也可能存在加大市场投机炒作风气等风

---

* 白芸，全国中小企业股份转让系统有限责任公司法律事务部经理。

险。我国曾在 A 股市场采用过日内回转交易机制。1992 年 5 月，上交所在取消股票涨跌幅限制的同时采用了日内回转交易机制；深交所也于 1993 年 11 月采用了日内回转交易机制。然而，由于当时上市股票数量少、市场规模有限，加之当时沪深市场无涨跌幅限制，放开日内回转交易后加剧了股市波动，市场过分投机。故自 1995 年 1 月起，沪深两市 A 股和基金交易又由日内回转交易改为现行的 T+1 交易机制，并且一直沿用至今。

二、实施日内回转交易机制的法律依据

我们认为，若在新三板市场实施日内回转交易机制不存在上位法律法规障碍，但是在业务规则层面需考虑修改《全国中小企业股份转让系统股票交易规则》（以下简称《交易规则》）或另行制定相关规则。

（一）实施日内回转交易机制不存在上位法律法规障碍

法律和部门规章层面，实施日内回转交易机制落均不存在障碍。具体而言：

一是法律层面。2005 年对《证券法》进行修订时删除了原第一百零六条，即"证券公司接受委托或者自营，当日买入的证券，不得在当日再行卖出"，为实施日内回转交易机制留出了制度空间。而 2019 年修订的证券法也未对相关事项进行限制，因此实施日内回转交易机制不存在法律障碍。

二是行政法规层面。《证券公司监督管理条例》第三十七条规定，证券公司从事证券经纪业务，若客户资金账户内的资金不足的，不得接受其买入委托；客户证券账户内的证券不足的，不得接受其卖出委托。结合现有的可转债、ETF 等产品进行日内回转交易的实践，以及证券全额保证金账户不存在交收风险的背景，我们认为可以对该条进行扩大解释，即对该条"资金账户中的资金"与"证券账户中的证券"进行广义理解，并非客户已登记在个人名下的资金和证券，而是其在可用额度范围内用于交易的资金和证券。

三是部门规章层面。《证券登记结算管理办法（2018 修正）》在第五十一条①仅对中国结算和结算参与人、结算参与人与投资者之间的证券和资金交收期限进行原则性规定，《非上市公众公司管理办法》《全国中小企业股份转让系

---

① 《证券登记结算管理办法（2018 修正）》第五十一条：证券登记结算机构应当在结算业务规则中对结算参与人与证券登记结算机构之间的证券和资金的集中交收以及结算参与人与客户之间的证券和资金的交收期限分别作出规定，结算参与人应当在规定的交收期限内完成证券和资金的交收。

统有限责任公司管理暂行办法》等也未对证券交易机制进行禁止性规定，前述规章层面均不存在推行日内回转交易机制的规则障碍。

（二）新三板市场实施日内回转交易机制与《交易规则》的衔接

目前《交易规则》第三十五条第一款规定，"投资者买入的股票，买入当日不得卖出，全国股转公司另有规定的除外"，已为推行日内回转交易机制改革留出空间；第二款规定"做市商在做市报价过程中买入的股票，买入当日可以卖出"，可见为便利做市商履行报价义务，新三场市场已允许其进行日内回转。因此，若在新三板市场推行日内回转交易机制，可以通过修改《交易规则》或者另行制定相关规则的方式，允许普通投资者进行日内回转交易。

三、实施日内回转交易机制涉及的法律问题分析

实施日内回转交易机制涉及的法律问题，包括日内回转交易机制下的基础法律关系、交易日日终证券和资金交收风险等，下文逐一分析。

（一）日内回转交易机制未改变相关主体的基础法律关系

无论是 T+1 交易还是日内回转交易，涉及的主体均为中国结算、证券公司和投资者，前述主体间的基础法律关系、证券所有权变动的依据以及冻结、扣划程序中相关证券、资金交收的优先性均未发生改变。

1. 各方主体的法律关系分析

各方主体的关系如图 1 所示，现对其法律关系分析如下。

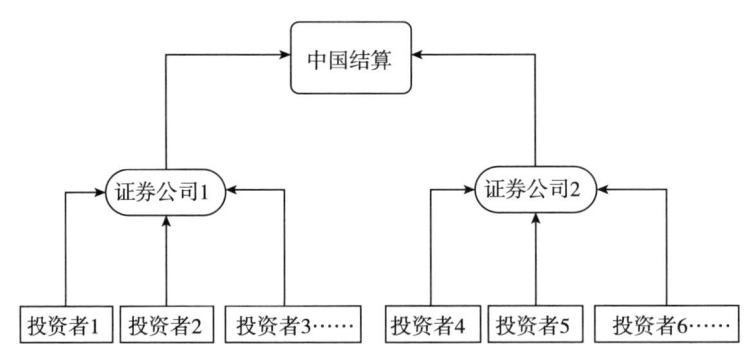

图 1　交易主体各方关系

一是在开户和证券划付时，投资者、证券公司与中国结算之间分别形成委托代理关系。《证券法》第一百四十七条规定，中国结算的职能包括履行证券账户、结算账户的设立，证券的存管和过户，证券交易的清算和交收等。证券

开户方面，由于我国实施证券账户的二级结算，投资者开立证券账户的，应当通过证券公司申请在中国结算开立。故《证券法》第一百五十七条规定了中国结算与证券公司的法定代理关系，即证券公司作为开户代理机构，受中国结算委托接受投资者申请，为投资者开立证券账户，所有证券公司作为开户代理机构都是中国结算的法定代理人。另外，证券公司应当委托中国结算代为办理其客户证券的划付手续。

二是中国结算在证券交易中为中央对手方，起到担保交收作用。根据《证券法》第一百五十八条第一款，中国结算作为中央对手方提供证券结算服务的，是结算参与人共同的清算交收对手，进行净额结算，为证券交易提供集中履约保障。

三是经纪业务交易过程中，投资者、证券公司与中国结算之间形成行纪法律关系。首先，根据投资者与证券公司的开户协议，完成开户后，证券公司接受投资者发出的指令买卖证券，在此过程中，证券公司对投资者的证券及资金账户记加或记减，理论上投资者之间成立买卖合同法律关系。其次，在中国结算承担中央对手方的多边净额结算方式下①，证券交易必须通过证券公司进行，因此在该阶段投资者之间的买卖合同被概括承受，证券公司作为行纪人直接与中国结算发生法律关系，并对中国结算直接享有权利、承担义务②，投资者并不直接与中国结算发生法律关系。最后，在证券交收过程中，证券公司担保投资者对中国结算的证券和资金交收，中国结算担保对证券公司的交收（见图1）。

综上所述，证券交易过程中，投资者之间的买卖法律关系被其与证券公司、中国结算之间的行纪法律关系概括承受，发生了"约务更替"③，中国结算介入承接了交易双方的对手方风险，解决了个别参与人交收违约引起连锁交

---

① 净额结算是指中国结算以结算参与人为单位，对其买入和卖出交易的余额进行轧差，以轧差得到的净额组织结算参与人进行交收的制度。多边净额结算是指中国结算介入证券交易双方的交易关系中，成为"所有买方的卖方"和"所有卖方的买方"，然后以结算参与人为单位对其达成的所有交易的应收应付证券和资金进行轧差，每个结算参与人根据轧差所得的净额与中国结算这一个交易对手方进行交收。

② 行纪合同与委托合同的主要区别在于：行纪人与第三人订立合同，由行纪人对该合同直接享有权利、承担义务（《中华人民共和国民法典》第九百五十八条）；而委托合同中，受托人以自己的名义，在委托人的授权范围内与第三人订立的合同，第三人在订立合同时知道受托人与委托人之间的代理关系的，该合同直接约束委托人和第三人，但是，有确切证据证明该合同只约束受托人和第三人的除外（《民法典》第九百二十五条）。

③ 即中国结算成为"所有买方的卖方"和"所有卖方的买方"，每个结算参与人根据轧差所得的净额与中国结算这一个交易对手方进行交收。

收失败的问题。

四是自营业务交易过程中，证券公司与中国结算直接发生法律关系，由中国结算担保双方的证券和资金交收。

2. 日内回转交易机制下证券的所有权变动仍以登记为依据

我国目前未明确规定证券所有权变动的依据，仅对证券设立质权有明确要求，但是根据交易实践，一般认为，证券所有权的变动以登记为依据。具体而言：

一是《民法典》第四百四十三条规定，"以基金份额、股权出质的，质权自办理出质登记时设立。"① 由此可知，沪深交易所及新三板市场的股权出质自证券登记结算机构办理出质登记时设立。二是《证券法》第一百五十条规定，"在证券交易所或者国务院批准的其他全国性证券交易场所交易的证券，应当全部存管在证券登记结算机构。"结合目前证券无纸化、统一存管的监管背景与证券市场对效率的要求，我们认为，上市公司和挂牌公司的证券在二级市场交易时，以中国结算的变更登记作为证券所有权变动的依据。

日内回转交易机制下，在 T 日日终之前，同一只证券名义上在不同投资者的证券账户记增记减，这证明的是中国结算与证券公司、证券公司和投资者之间的债权债务关系，但是由于证券并未变更登记，记增记减不产生物权变动的效果。T 日日终完成证券交收后，投资者和证券公司取得登记在其证券账户中证券的所有权。但是根据中国结算的 DVP（Delivery Versus Payment，货银对付）改革方案②，未完成资金交收的证券会被打标，作为前述主体与中国结算商事留置法律关系中的留置物，担保资金交收。③ 直到在 T+1 日日终前相关主体完成资金交收、证券打标被取消后，投资者和证券公司完整取得证券的无负担所有权。

---

① 与《中华人民共和国物权法》（已废止）第二百二十六条相比，《民法典》第四百四十三条删除了"证券登记结算机构办理出质登记时设立""工商行政管理部门办理出质登记时设立"的规定，意味着出质登记办理机构不仅仅是证券登记结算机构、工商行政管理部门，合法确定的机构均有可能承担出质登记职能。

② 目前，中国结算在其基本业务规则《中国证券登记结算有限责任公司结算规则（征求意见稿）》中纳入 DVP 改革方案，即通过要求提交担保物、对已交收但是未足额缴纳资金的证券加注标识、多批次交收、违约交收处置等方式，尽可能地降低非全额保证金业务的资金交收风险。

③ 有观点认为，打标情形下投资者取得登记在其证券账户中证券的所有权是附条件的，但是考虑到中国结算并没有成为证券所有权人的意愿，所以将该打标证券认定为商事留置关系中的留置物更为合适。

3. 冻结、扣划程序中相关证券、资金交收具有优先性

有观点认为，资金和证券交收账户可能会因司法冻结、扣划等产生无法完成交收的风险。我们认为，无论是 T+1 交易机制还是日内回转交易机制，用于交收的证券和资金均具有优先性。

具体而言：一是证券法确立了证券交易中的结算履约优先原则。《证券法》第一百五十八条第三款规定，在交收完成之前，任何人不得动用用于交收的证券、资金和担保物，即证券交易达成后，履约义务人已进入清算交收程序的财产应优先用于清偿证券交易、清算交收债务。[①] 二是最高人民法院、最高人民检察院、公安部和证监会联合发布的《关于查询、冻结、扣划证券和证券交易结算资金有关问题的通知》（法发〔2008〕4 号）已在实际操作层面明确规定了司法冻结、扣划均应以不影响证券和资金交收为前提。首先，中国结算依法按照业务规则收取并存放于专门清算交收账户的证券和资金，不得冻结、扣划。其次，在交易过程中，中国结算受理冻结、扣划要求后，应当在受理日对应的交收日交收程序完成后根据交收结果协助冻结、扣划。最后，证券公司受理冻结、扣划要求后，应当立即停止证券交易，冻结时已经下单但尚未撮合成功的应当采取撤单措施；冻结后，根据成交结果确定的用于交收的应付证券和应付资金可以进行正常交收；在交收程序完成后，对于剩余部分可以扣划。[②]

（二）关于日内回转交易机制下证券交收违约的风险及责任承担

1. 日内回转交易机制下证券交收违约的风险可控

回顾日内回转交易机制下的交易过程，投资者可以在当日内对一只证券多次进行买入和卖出，因此有观点认为，若在任何一个环节投资者卖出的证券不足，均有可能产生连锁反应，导致证券交收的风险。我们认为，在证券公司的前端风控机制和中国结算担保交收的功能下，证券交收的整体风险可控。

---

① 参见程合红等.《证券法》修订要义［M］. 北京：人民出版社，2020：310。从境外实践情况看，结算参与人即使进入破产清算程序，其对结算系统的交收义务也必须优先履行，不应受破产清算程序的影响。欧盟 1998 年制定了《关于支付和证券结算体系中结算最终性的指令（98/26/CE）》，其核心内容是，一项交易指令一旦被输入结算体系，即不受其他债权债务的影响，必须确保完成对结算系统的交收义务。美国《破产法》第 362-b-6 款规定，证券交易合约的一方金融机构破产时，证券合约的执行和证券交易的净额算不受破产法"自动中止支付债务"条款（Automatic Stay）的限制。此外，我国香港地区《证券及期货条例》第四十五条"认可结算所的处事程序凌驾破产清盘法"规定：一是市场合约、结算所得交收规则及相关程序、行动等，不因有关方破产而视为无效；二是有关人员或破产法院不得阻止或干预按照结算所规则作出的市场合约交收或违约处置程序。

② 证券公司应当根据成交结果计算出等额的应收资金或者应收证券交由执法机关冻结或者扣划。

一方面，在我国目前不允许卖空证券的前提下，证券公司应对投资者的证券账户及自己的自营业务进行前端控制，不允许其超卖证券；另一方面，即使在前端风控失效的情况下，证券公司出现证券交收违约（无法交付足额证券）的情形，中国结算的担保交收功能也可以降低证券交收风险。根据《中国证券登记结算有限责任公司结算规则（征求意见稿）》（以下简称《结算规则》）第三十六条规定，发生证券交收违约的情形下中国结算暂不交付其相应应收资金，并将其作为待处分资金转入中国结算专用清偿账户。违约结算参与人在规定时间内补足违约交收证券及其权益、违约金的，中国结算向其交付待处分资金；未补足的，中国结算有权动用待处分资金补购相应证券。从该规定上看，中国结算会保证足额缴纳资金方可以得到证券，不管其是通过从违约结算参与人处获得，还是用待处分资金在证券市场上另行购买的方式。但是考虑到证券市场上证券价格瞬息万变，另行购买的方式可能产生资金的差额，故该规定还明确了待处分资金在弥补交收违约和相关费用后有剩余的，交付给违约结算参与人，仍有不足的，中国结算有权向该违约结算参与人继续追偿。

2. 证券交收违约责任的承担

T 日日终后，按照证券和资金账户的最终结果，中国结算和证券公司进行交收，证券公司再与投资者进行交收。如前分析，在中国结算的担保交收的功能下，结算参与人（证券公司）的证券交收违约风险较低，而下文将讨论如果发生证券交收违约，证券公司与投资者之间的责任分配问题。

若证券公司的超卖是其自营业务导致的，应由证券公司独立向中国结算承担违约责任。若证券公司的超卖是投资者导致的，我们认为应由证券公司向中国结算承担责任后向投资者追偿。理由：根据《证券登记结算管理办法（2018修正）》第四十三条和第四十六条①，中国结算依据与参与多边净额结算的结

---

① 《证券登记结算管理办法（2018 修正）》第四十三条：证券和资金结算实行分级结算原则。证券登记结算机构负责办理证券登记结算机构与结算参与人之间的集中清算交收；结算参与人负责办理结算参与人与客户之间的清算交收。

第四十六条证券登记结算机构与参与多边净额结算的结算参与人签订的结算协议应当包括下列内容：

（一）对于结算参与人负责结算的证券交易合同，该合同双方结算参与人向对手方结算参与人收取证券或资金的权利，以及向对手方结算参与人支付资金或证券的义务一并转让给证券登记结算机构。

（二）受让前项权利和义务后，证券登记结算机构享有原合同双方结算参与人对其对手方结算参与人的权利，并应履行原合同双方结算参与人对其对手方结算参与人的义务。与人之间的集中清算交收；结算参与人负责办理结算参与人与客户之间的清算交收。

算参与人签订的结算协议进行集中清算交收，中国结算不直接和投资者发生法律关系，因此无论是自营业务还是经纪业务，都应先由证券公司向中国结算承担违约责任。

同时，证券公司承担责任后可以根据与投资者之间的经纪协议向超卖的投资者追偿，但是证券公司对于投资者也存在过错。原因在于《证券法》第一百三十条和《证券公司监督管理条例》第三十七条规定，证券公司的业务活动应与其内部控制相适应，证券公司从事证券经纪业务，应当对客户账户内的资金、证券是否充足进行审查，因此在经纪业务中，证券公司对投资者的超卖行为有"失控"之责，应适用"过错相抵"原则。

（三）关于日内回转交易机制与资金交收风险的关系

1. 不同保证金制度下，日内回转交易机制的资金交收风险不同

我国证券市场目前采取在 T 日完成证券交收，T+1 日完成资金交收的制度，投资者在不同的保证金制度下资金交收的风险不同，具体而言：

对于境内证券经纪业务，证券公司要求投资者缴纳全额保证金，故无论是否允许其进行日内回转交易均不存在资金交收风险。而对于境内的证券自营、资管、租用交易单元、外国投资者投资境内机构的 QFII、RQFII 等业务，不要求缴纳全额保证金，故前述业务的投资者在 T 日日终取得证券后，存在无法在 T+1 日日终交付足额对价资金的风险。

2. DVP 改革下，日内回转交易机制虽然进一步放大中国结算的价差风险，但是由于存在涨跌幅限制，其整体风险可控

前文所述的 DVP 改革不能减少将交收证券作为（交收资金的）担保物卖出产生的价差风险，因此若允许开展上述业务的投资者进行日内回转交易，其当日回笼的资金可以继续购买证券，交易次数的增加理论上会使前述价差风险不断放大。但是，由于涨跌幅机制的存在，当日回转股票的价格存在卖出价格下限，因此投资者在一只股票上的最大价差仅为当日最大跌幅价格，若辅以相应的风险监控机制，控制已用跌幅价格卖出证券的投资者利用回笼的资金再次买入证券并卖出，则价差风险相对可控。

3. 日内回转交易机制下对资金交收风险的控制

如前所述，若实施日内回转交易机制，应加大对非全额保证金业务的前端风险控制，尽可能降低其资金交收风险。具体而言：对于境内券商的自营和资管业务，建议进一步加强对其前端可用资金和可用证券额度的控制；对

于公募基金、QFII、RQFII 等通过租用交易单元形式开展日内回转交易的特殊投资者，由于其无法直接通过券商管理，因此建议在相关规则中要求开展业务的投资主体建立完备的风控制度，必要时可要求其账户中维持一定额度的保证金。

四、日内回转交易机制下的监管路径

结合前述分析，日内回转交易机制可能会导致一定的资金交收风险，并且高频交易商和程序化交易更容易在该机制下套利，可能会造成交易机会的不公平。但是，该机制提高了资金和证券的使用效率，为投资者提供了及时止损或平仓获利的机会，有助于提高市场流动性和资本市场的市场化程度，因此在制度设计层面不能"因噎废食"，而应在匹配相应的风险控制措施方面下功夫，如加强证券公司的投资者管理义务、加强对证券违法行为的监控监测等。

（一）加强证券公司的投资者管理义务

1. 日内回转交易机制下，证券公司投资者管理的域外经验

美国市场对全额保证金的现金账户和非全额保证金的信用账户采取了不同的监管模式。对于现金账户而言，只要客户的经纪交易商（Broker-dealer）为客户提供该项服务，即可卖出当日通过全额支付对价买入的证券。对于信用账户而言，美联储、SEC、FINRA 和交易所均针对信用账户的 T+0 交易设置了账户净值、维持保证金等方面的监管要求[1]，同时对典型的日内回转交易者进行

---

① 参见侯雨宸，吴秀波. 科创板引入 T+0 交易制度应三思而后行 [J]. 国际融资，2020（39）。对信用交易的监管：（1）投资者信用交易账户的净值最低不少于 2000 美元；（2）融资或融券的初始保证金比例不得低于所有买入或卖出股票市值的 50%；（3）融资买入的维持保证金比例为所有买入股票市值的 25%；（4）对于融券卖空，若卖空股票的卖出价小于 5 美元，则维持保证金要求为每股 2.5 美元或者卖空股票市值的 100%（孰大为准），若卖空股票的卖出价等于或大于 5 美元，则维持保证金要求为每股 5 美元或者卖空股票市值的 30%（孰大为准）。证券公司则可以采取更为严格的保证金要求，如在不清楚该客户的信用情况时，可以要求客户先于信用交易账户中存入一定金额的款项，或采取查询客户与银行往来记录等其他措施，以确定客户的信用状况及投资能力。

识别①，要求经纪商对其进行特别的监管措施②。

台交所和柜买中心采取的措施包括三方面：一是限制标的证券，将当日回转的证券限于部分指数成分股及融资融券、借券的标的证券；二是限制投资者资质，要求投资者必须具有相应的投资经验，并事先和券商签订授权同意书和风险预告书；三是限制投资者交易额度，交易所要求券商落实好交易额度评估和管控措施，并视情形向投资者预收足额或部分款券。③

2. 日内回转交易机制下应强化相关投资者管理要求

借鉴域外经验，若实施日内回转交易机制，建议要求主办券商加强投资者风险管理，由主办券商充分评估投资者实施日内回转交易的风险识别和承受能力。

在资质评估方面，证券公司应充分进行风险揭示，要求采用日内回转交易的投资者具备相关投资经验，并与其签订授权同意书和风险预告书；在交易持续监管方面，对典型日内交易者进行识别，视情况限制其单日内进行回转交易的次数，或者根据投资者类别或一段时间内账户资金均值的不同，进行差异化

---

① FINRA 4210 将满足以下条件的投资者定义为典型的日内回转交易者（Pattern Day Trader）：在连续五个交易日内进行 4 次或 4 次以上的日内回转交易，并且在这五个交易日当中，日内回转交易的次数占总交易次数的 6% 以上。

② 参见魏伟等. T+0，市场影响几何 [J]. 金融博览（财富），2020（24）。对典型日内回转交易者的特别监管措施。典型的日内回转交易者（Pattern Day Trader）的定义：任何客户在连续五个交易日内，交易四次或四次以上的回转交易，并且在这五个交易日当中，回转交易的次数占总交易次数的 6% 以上。具体监管要求如下：1. 任何典型的日内回转交易者的账户必须遵守最低净值 25000 美元的新规定。若账户净值未达 25000 美元，将无法进行日内回转交易，也无法使用回转交易融资购买力（Day Trading Buying Power）。回转交易融资购买力 =（前一交易日日终投资者信用交易账户的净值 - 维持保证金部分）×4，其中账户净值以前一交易日收盘价为计算依据。2. 特别维持保证金。在投资者信用交易账户发生回转交易时，特别保证金不低于该交易日内所有交易成本的 25%。作为选择，如果该投资者的账户在一个交易日内发生两次或以上的回转交易，则特别保证金按照日内最高敞口头寸来计算。为计算最高敞口头寸，必须记录投资者进行回转交易的时间和价格（"Time and Tick"），以确定哪些交易被平仓、哪些尚未平仓。3. 典型的日内回转交易者不能进行超过回转交易融资购买力的交易。一旦超过，则会产生特别维持保证金不足的情况，此时，经纪商需发出回转交易保证金追加要求（Day Trading Margin Call），并采取以下措施：（1）保证金要求将按照当日所有回转交易的累计交易成本计算（"Time and Tick" 计算方式可能无法使用）；（2）投资者回转交易融资购买力下调至信用交易账户超过维持保证金部分的 2 倍。4. 若典型的日内回转交易者未能在回转交易保证金追加要求后的 5 个交易日内补足保证金，则该投资者将被限制 90 天内只能进行现金交易（其间若投资者补足保证金，则可恢复日内回转交易）。5. 为满足回转交易保证金追加要求或为满足最低账户净值要求所存入的资金，在入账后的两个交易日内不得提取。6. 典型的日内回转交易者不可将其名下其他账户内的资产合并计算，以满足其特别维持保证金要求或账户最低净值要求。

③ 参见侯雨宸，吴秀波. 科创板引入 T+0 交易制度应三思而后行 [J]. 国际融资，2020（39）。

的回转次数安排。

(二) 加强对证券违法行为的监控监测

我们认为,实施日内回转交易机制可能会使市场流动性和交易模式发生改变,因此需关注操纵市场、短线交易的交易数量和违法所得计算、定罪量刑等问题。

1. 日内回转交易机制缩短操纵市场等证券违法行为的时间间隔

在现行交易机制下,市场操纵者需在当日建仓,通过集中资金优势连续买入达到拉抬股价的市场效果,再在次日卖出获利;短线交易者在当日买入股票,最早可在次日卖出获利。

日内回转交易机制缩短了上述违法行为的时间间隔,即操纵者可在当日建仓并卖出,短线交易者可在当日内进行买入卖出操作。如此操作降低了其隔夜持仓风险与资金占用,降低了进行市场操纵和短线交易的成本,可能在一定程度上形成对该类证券违法行为的激励。

2. 日内回转交易机制下对前述证券违法行为标准的认定

一是违法所得认定。证券法第一百八十九条和第一百九十二条分别规定了短线交易和操纵市场的法律责任,我们认为,对相关主体的收益和违法所得的认定,日内回转交易机制与现行交易机制不存在差异,应以盈亏相抵后的实际获利计算。

二是违法成交量认定。《最高人民法院、最高人民检察院关于办理操纵证券、期货市场刑事案件适用法律若干问题的解释》对市场操纵行为的"情节严重"和"情节特别严重"均设有交易量绝对数量和相对比例的指标,如"证券交易成交额在一千万元以上""连续十个交易日的累计成交量达到同期该证券总成交量百分之五十以上的",我们认为计算成交量应以实际操作量为标准,如买入 10 万股股票再卖出,应认为成交量为 20 万笔,而不应将证券的买入和卖出数量轧差计算。此外,考虑到日内回转交易机制下市场流动性可能大幅提升,但是各方市场主体的交易机制均发生变化,故违法认定的相对标准暂不必调整,但是成交额认定的绝对标准应适时调整。

因此,若实施日内回转交易机制,应当加强对日内回转交易行为的监控,强化对短线交易、市场操纵等行为的线索筛查,总结实践经验后配合稽查局、司法机关对相关执法标准予以妥善调整。

宏观观察

中小企业界定标准：国际比较与中国实践

陈建波*

摘　要：中小企业对各国经济发展和就业具有重要影响，但全球范围并没有关于中小企业的统一定义和划分标准。若要实现政策精准扶持或精准干预，有必要对中小企业进行清晰界定。本文从概念争议出发，梳理了"中小企业"这一概念使用情况，并对划分标准进行了国际比较，最后结合具体实践得出建议。本文提出应当专门制定资本市场领域中小企业划分标准，统筹不同市场准入标准设置，打造层次分明、有机联系、功能互补的多层次资本市场体系，更好地服务中小企业创新发展。

关键词：中小企业　定义　划分标准　资本市场　国际比较

中小企业是社会经济领域出现频率很高的词汇，厘清其概念和内涵对研究工作和政策制定具有重要意义。但从全球来看，关于中小企业，不同的国家、国际组织或研究者有不同的界定标准，并没有一个普遍认可的统一定义和划分标准。联合国工业发展组织（UNIDO）认为，要基于分类的目的对中小企业进行界定，若用于政策制定与实施，建议采取定量和定性指标进行定义。一个经济体内部不同部门或机构，比如国家统计部门、监管部门、银行业机构、风险投资机构等，因目的不同，对中小企业的定义可能不同。缺少关于中小企业适当的定义，是导致中小企业公共政策失效的原因之一。

＊　陈建波，全国中小企业股份转让系统有限责任公司研究规划部（创新实验室）副总监。

一、概念争议由来

(一) 博尔顿报告

考虑到小企业 (Small Firms) 在国民经济中的重要性，为掌握小企业经营情况和面临的困难，为未来小企业政策制定提供支撑，英国政府于 1969 年成立了以博尔顿 (Bolton) 为主席的小企业调查委员会。在此之前，针对小企业的研究机构和研究成果非常少，整个社会对小企业功能、运行效率以及政策效果都缺乏深入认识。经过两年的调查研究，博尔顿调查委员会于 1971 年向英国政府提交《小企业调查报告》，这就是著名的博尔顿报告。报告考察了英国小企业的总体情况、经营状况、融资问题、财税问题，并提出了相关政策建议。博尔顿报告贡献之一，是第一次系统地尝试对小企业进行界定，采取了定性和定量两种定义方法。

1. 定性方法：三个标准

根据博尔顿报告，被认定为小企业需要同时满足三个标准：(1) 在所经营的业务领域具有相对较小的市场份额；(2) 由企业主或合伙人实施个性化管理，未采用分层级的正式管理架构；(3) 具有独立性，不属于大型企业的组成部分。

2. 定量方法：分行业门类

考虑到不同行业在资本规模、销售收入和员工数量水平方面差异较大，不宜采用统一的标准，博尔顿报告建议按照行业门类不同，分别界定小企业的标准 (见表1)。总体上看，博尔顿报告采取了三类统计指标：一是员工数量标准，运用于制造业、建筑业和采掘业；二是营业收入标准，运用于零售业、批发业、汽车贸易和服务业；三是物理资产标准，运用于道路运输业。

表 1　博尔顿报告对小企业的界定

行业	统计标准	小企业占所有企业比重
制造业	不超过 200 个雇员	94%
零售业	每年营业额不超过 5 万英镑	96%
批发贸易	每年营业额不超过 2 万英镑	77%
建筑业	不超过 20 个雇员	89%
采掘业	不超过 20 个雇员	77%
汽车贸易	每年营业额不超过 10 万英镑	87%

行业	统计标准	小企业占所有企业比重
服务业	每年营业额不超过 5 万英镑	90%
道路运输	不超过 5 个运载工具	85%
餐饮业	除跨国公司和啤酒屋以外所有企业	96%

资料来源：Bolton, J. E. Report of the Committee of Enquiry into Small Firms［R］. Cmnd 4811, HMSO, London，1971.

（二）概念争议

博尔顿报告提出了小企业的具体界定标准，在英国境内外引起较大反响。积极的观点认为，报告意义重大，使量化小企业规模以及评估小企业对国内生产总值（GDP）、就业、出口、创新的贡献成为可能，并有利于国际间的比较。同时，博尔顿报告关于小企业的定义也引起了一些争议，不少研究者对其提出了批判，后续各个国家和研究机构在此基础上分别对小企业进行划分，国际上一直没有形成关于小企业的统一标准。

1. 定性标准批判

一种观点认为，定性标准中"由企业主或合伙人实施个性化管理，未采用分层级的正式管理架构"与现实不符。博尔顿报告认为，小企业主自己执行管理的主要职能，作出涉及企业的所有重要决定。企业主直接领导管理这种模式，对于雇员人数较少的企业（比如20人以下）是合适的，但对于雇员人数较多的企业（比如100人以上），这种直接管理模式是不科学的，也是不现实的。雇员人数较多的小企业也需要组建管理团队，赋予这些团队相应职责，建立分层的管理架构。

还有观点认为，定性标准中"在所经营的业务领域具有相对较小的市场份额"与现实不符。具有相对较小的市场份额意味着，该企业在数量和价格方面对所提供产品或服务均没有显著影响。但在经济实践中，有一些小企业专注于细分市场或业务领域，形成了企业经营的"护城河"，进而能够维持较大的市场份额，这类企业若按定性标准则不属于小企业，但若按定量标准则可能属于小企业的范畴。

2. 定量标准批判

博尔顿报告采取量化指标分9个行业对小企业进行界定，后续研究者对定量标准的批判主要集中在以下几个方面：一是定量指标分别采用了雇员、营业额、资产等多个维度，缺乏适用所有行业的统一指标，增加了统计的复杂度；二是对于采用相同指标（如营业额）的行业，所设定的数量上限标准各不相同，增加了行业和国际比较的难度；三是以金额作为划分标准，由于货币时间价值的变化增加了跨期比较的难度，同时由于汇率的变化也增加了国际比较的难度。

二、几个概念辨析

不同国家对企业有不同的分类方法，因此对小型企业的称谓或简称会有所不同，比如小型企业（Small Business，SB），中小企业（Small and Medium Enterprises，SME），中小型企业（Small-to-Midsize Businesses，SMB），中小微企业（Micro, Small, and Medium Enterprises，MSME）等。虽然概念称谓不同，但内涵基本一致，是与大型企业相对的一种概念表述，表明这类企业与大型企业有所不同，通常情况下这些概念表述可以互换。欧盟（EU）以及联合国（UN）、世界银行（WB）、世贸组织（WTO）等国际组织一般采用 SME 简称，美国一般使用 SMB 简称，也有的国家和研究者采用 MSME 简称。下文结合我国的具体实践，介绍中小企业概念使用情况。

（一）中小企业

在我国，"中小企业"是一个法定概念，使用范围最广。根据我国《中小企业促进法》，"中小企业"是指人员规模和经营规模均相对较小的企业，不仅包括中型企业和小型企业，还包括微型企业，具体的划分标准授权国务院有关部门制定。因此，从法律的角度看，"中小企业"是包括微型企业在内的统称概念。党中央、国务院出台促进中小企业发展的政策文件，文件名称大多使用"中小企业"这一表述，这里就囊括了中型、小型和微型三个类型；当政策文件的对象有所特指时，就会专门使用"小型微型企业""小微企业"等概念。

（二）小微企业

小微企业就是小型企业和微型企业的统称，在有的文件中也表述为"小型微型企业"。这一简称在金融领域（特别是商业银行）相关文件中使用较多，主要目标是推动商业银行金融服务更加聚焦小微企业，缓解小微企业融资难问题。经济生活中还有"小型微利企业"这一概念容易与"小微企业"混淆，两者具有很大差异。"小型微利企业"是企业所得税法中提出的概念，主要用于明确特定企业税收优惠政策，目前《企业所得税法》规定符合条件的小型微利企业，减按 20% 的税率征收企业所得税。根据《关于实施小微企业普惠性税收减免政策的通知》（财税〔2019〕13 号），小型微利企业需同时满足三个条件：（1）年度应纳税所得额不超过 300 万元；（2）从业人数不超过 300 人；（3）资产总额不超过 5000 万元。这一定义与小微企业划型标准不同，两者存在重叠和交叉。

（三）规模以上中小企业

我国的统计实践中，与大中小企业划型标准不同，还有规模以上企业的统计制度。比如，规模以上工业企业是指年主营业务收入 2000 万元及以上的工业企业；规模以上道路货运企业是指年营业收入在 1000 万元及以上且拥有货运车辆数在 50 辆及以上的道路货运企业。这些规模以上企业，按照中小企业划型标准可能属于中型企业、小型企业或微型企业的一种。

（四）专精特新中小企业

"专精特新"是《国务院关于进一步支持小型微型企业健康发展的意见》（国发〔2012〕14 号）提出的一个概念，目标在于提高中小企业发展的质量和效益，属于发展政策导向的范畴。2013 年，作为中小企业主管部门，我国工业与信息化部发布《关于促进中小企业"专精特新"发展的指导意见》（工信部企业〔2013〕264 号），明确提出加强对"专精特新"中小企业的培育和支持，促进中小企业走专业化、精细化、特色化、新颖化发展之路。（1）专业化主要特征是专注核心业务，搞专业化生产、服务和协作配套；（2）精细化主要特征是精细化生产、精细化管理和精细化服务，在细分市场中占据优势；（3）特色化主要特征是采用独特工艺、技术、配方或原料，研制生产具有特色的产品；（4）新颖化主要特征是开展技术创新、管理创新和商业模式创新，形成新的竞争优势。近年来，全国各地培育和认定了一批"专精特新"中小企业，截至 2019 年底，各地入库培育企业 6 万多家，累计认定省级"专精特新"中小企业 2 万多家[1]。

（五）创新型、创业型、成长型中小企业

2013 年，国务院发布《关于全国中小企业股份转让系统有关问题的决定》（国发〔2013〕49 号），明确新三板主要为创新型、创业型、成长型中小微企业发展服务。相关文件和制度并没有关于创新型、创业型、成长型中小企业的

---

[1] 数据来自工业与信息化部官网。

具体定义，这一概念表述主要用于说明新三板服务对象范围及其特征。创新型主要是指中小企业具有新技术、新产业、新业态或新应用的特征；创业型主要是指企业处于发展相对早期的阶段；成长型主要是指企业业务具有发展前景、营收具有增长潜力。

三、中小企业划分标准

中小企业对各国经济发展和就业具有重要影响，但全球范围并没有关于中小企业的统一定义和划分标准。为方便调查研究中小企业问题并进行国际比较，国际组织分别制定了中小企业划分标准。各个国家并没有认可和采用国际组织的标准，而是根据本国经济统计目的和制定支持政策的需要，形成不同的中小企业划分标准。

（一）国际组织对中小企业的划分标准

为保障中小企业支持政策的针对性和有效性，欧盟于 1996 年制定了中小企业划分标准，包括雇员人数、营业收入、总资产和独立性四个指标。没有单独划分微型企业。小型企业标准：雇员人数小于 50 人、营业收入小于 700 万欧元或总资产小于 500 万欧元；中型企业标准：雇员人数小于 250 人、营业收入小于 4000 万欧元或总资产小于 2700 万欧元。独立性的指标要求一个公司或几个公司联合持有该企业股权比例或投票权不超过 25%。2005 年，欧盟根据经济发展和中小企业面临的问题，对划分标准进行了调整，这一标准一直沿用至今。这次调整增加了微型企业的标准，适当提高了财务指标门槛，同时放松独立性指标要求，天使投资、风险投资、大学及非营利研究机构和机构投资者持股比例不受 25% 持股比例限制。

目前，世界银行和欧盟均采用"雇员数量+营业收入/总资产"组合指标，经合组织仅采用雇员数量单一指标，作为中小企业的划型标准。其中，雇员人数标准基本一致，经合组织和欧盟均采用 250 人的标准，世界银行采用 300 人的标准。在财务指标、门槛方面，国际组织之间设定的标准差异较大，世界银行要求营业收入或总资产在 1500 万美元以下才被认定为中小企业，欧盟则要求营业收入小于 5000 万欧元或总资产小于 4300 万欧元。如表 2 所示。考虑汇率因素，欧盟的金额标准远高于世界银行的标准。欧盟并不强制要求成员国执行其设定的中小企业划分标准，对于向欧盟申请资金支持的机构或企业必须适用欧盟划型标准。

表 2 国际组织对中小企业的划分标准

国际组织	类型	雇员数量	营业收入/总资产
世界银行	微型企业	<10	营业收入<10 万美元或总资产<10 万美元
	小型企业	<50	营业收入<300 万美元或总资产<300 万美元
	中型企业	<300	营业收入<1500 万美元或总资产<1500 万美元
经合组织	微型企业	<10	—
	小型企业	<50	—
	中型企业	<250	—
欧盟	微型企业	<10	营业收入<200 万欧元或总资产<200 万欧元
	小型企业	<50	营业收入<1000 万欧元或总资产<1000 万欧元
	中型企业	<250	营业收入<5000 万欧元或总资产<4300 万欧元

资料来源：World Bank，OECD，EU.

（二）经济社会领域对中小企业的划分标准

世界各国/地区对中小企业的划分主要基于统计目的或政府政策支持目的，一般采用定性表述与定量指标相结合的方式。其中，定量标准一般包括雇员人数、资产总额、销售额等指标。美国、日本、中国等部分国家按照不同行业分别制定具体划分标准，其他国家则未考虑行业因素。

1. 部分国家/地区考虑行业差异化

1953 年，美国颁布《小企业法》，授权美国小企业局（SBA）制定小企业的具体划分标准。美国划分小企业的目的是更好地扶持小企业发展，包括信贷政策支持、政府采购合同优先等方面，在实践中并没有像其他国家区分中型、小型和微型企业，而是统称为小型企业。根据目的不同，小企业有不同的划分标准，有专门确定信贷资格的小企业标准，也有专门确定政府购买资格的小企业标准。以用于确定小企业贷款资格的标准为例，早期阶段小企业的标准：（1）雇员人数在 250 人以下的制造业企业，雇员人数在 1000 人以下的金属加工、计算机和炼油企业归属小企业；（2）销售收入不超过 100 万美元的零售企业，销售收入不超过 500 万美元的批发贸易企业。后续美国小企业局不断细化行业并调整标准：（1）雇员数量方面，制造业、零售业和批发贸易业主要采用雇员标准，雇员门槛调整为 100~1500 人等多个不同档次；（2）销售收入标准根据细分行业设定不同档次，非制造业门槛大多采用 750 万美元的标准，农业企业采用 75 万美元的标准。

日本于 1963 年颁布《中小企业基本法》，按照制造业、批发业、零售业和服务业四个行业分别制定中小企业划分标准，采用职工人数和实收资本两个定量指标，其中职工人数有 50~300 人等不同档次，实收资本有 5000 万~3 亿日元等不同档次。后续，日本政府根据实体经济发展情况，对不同行业的实收资本标准进行适度调整，职工人数标准基本维持不变。

我国于 2002 年颁布《中小企业促进法》，从定性角度对中小企业进行了定义。2003 年，四部委联合发布《中小企业标准暂行规定》，按照大类行业不同从统计角度对中小企业进行界定，并将中小企业分为中型、小型两类，在具体方法上分别制定各行业中小企业对应的职工人数、营业收入、资产总额等数量标准（见表3）。2011 年，结合经济社会和中小企业发展实际，四部委对原标准进行修订形成《中小企业化型标准规定》（工信部联企业〔2011〕300 号），增加了微型企业类型，扩大了行业覆盖，灵活采用相关指标。

表3　我国中小企业划型标准

行业类型	中小企业的具体界定标准
农、林、牧、渔业	营业收入在 2 亿元以下
工业	从业人员 1000 人以下或营业收入 4 亿元以下
建筑业	营业收入 8 亿元以下或资产总额 8 亿元以下
批发业	从业人员 200 人以下或营业收入 4 亿元以下
零售业	从业人员 300 人以下或营业收入 2 亿元以下
交通运输业	从业人员 1000 人以下或营业收入 3 亿元以下
仓储业	从业人员 200 人以下或营业收入 3 亿元以下
邮政业	从业人员 1000 人以下或营业收入 3 亿元以下
住宿业	从业人员 300 人以下或营业收入 1 亿元以下
餐饮业	从业人员 300 人以下或营业收入 1 亿元以下
信息传输业	从业人员 2000 人以下或营业收入 10 亿元以下
软件和信息技术服务业	从业人员 300 人以下或营业收入 1 亿元以下
房地产开发经营	营业收入 20 亿元以下或资产总额 1 亿元以下
物业管理	从业人员 1000 人以下或营业收入 5000 万元以下
租赁和商务服务业	从业人员 300 人以下或资产总额 12 亿元以下
其他未列明行业	从业人员 300 人以下

资料来源：工信部联企业〔2011〕300 号。

2. 多数国家/地区未考虑行业差异

许多国家/地区并没有关于中小企业的准确定义，即使有划分标准，各个国家/地区标准设定差异较大。各个国家/地区采用指标主要集中在雇员人数、销售收入、资产等方面，一般采用单一指标或使用组合指标，具体标准设置差异较大，缺乏可比性（见表4）。

表4 部分国家/地区中小企业统计标准

国家/地区	中小企业统计标准
澳大利亚	雇员人数不超过 200 人
巴西	年销售额不超过 480 万雷亚尔（约 620 万元人民币）
加拿大	雇员人数不超过 500 人
印度	年销售额：微型企业不超过 0.5 亿卢比；小型企业不超过 7.5 亿卢比；中型企业不超过 25 亿卢比（约 2 亿元人民币）
俄罗斯	中型企业：雇员小于 250 人，收入小于 20 亿卢布（约 1.7 亿元人民币） 小型企业：雇员小于 100 人，收入小于 8 亿卢布 微型企业：雇员小于 15 人，收入小于 1.2 亿卢布
印度尼西亚	销售收入不超过 500 亿卢比（2300 万元人民币）或总资产不超过 100 亿卢比（约 460 万元人民币）
中国香港	制造业从业人员在 100 人以下，非制造业从业人员在 50 人以下
新加坡	年销售收入不超过 1 亿新元（5 亿元人民币）或雇员人数不超过 200 人

资料来源：OECD 和各国/地区网站。

（三）资本市场领域对中小企业的界定

前述国际组织、国家/地区对中小企业的划分不是基于宏观经济的科学划分，而仅仅是基于统计上的考虑，主要运用于立法机关、统计部门和政策制定部门，这种划分方法存在一些不足。一是不存在一个适用所有行业的雇员数量标准。雇员人数是各国普遍采用的指标，但不同行业市场规模和企业数量差异较大。一家企业在大规模市场中可能被认为是小企业，但在小规模市场中可能被认为中型或大型企业，跨行业比较难度较大。二是有的行业可能已不适合用从业人员数量来衡量。随着技术不断进步，比如工业机器人、自动翻译服务等广泛运用，降低了对白领和蓝领工人的需求，这也是过去十多年全球就业增长缓慢的原因。此外，兼职工作、临时工作、暂时工作等新型用工形式被企业广泛使用，从业人员数量统计面临难题。这些问题使雇员人数指标作为中小企业划分标准的适应性降低。三是财务指标标准适应性降低。一方面，收入、资产等总量财务指标无法充分体现日益涌现的新经济企业特征,指标的适应性在下降;另一方面,由于财务会计报告准则经常会发生调整,以及通货膨胀和汇率问题,企业收入、利润等指标时间序列可比性不强,国际之间比较也面临困难。

由于存在上述问题,中小企业统计意义上的划分标准并不适合运用于资本市场。为提高资本市场服务中小企业的针对性,发挥好资本市场功能,有必要专门制定资本市场领域的中小企业标准。许多国家/地区尝试对资本市场所服务的中小企业进行界定,所使用的称谓有中小企业发行人(SME Issuer)、小型发行人(Small Issuer)、风险企业发行人(Venture Issuer)、初级发行人(Junior Issuer)、中小盘股票(Mid to Small Cap Entity)。称谓虽有所不同,但均是规模较大企业的相对概念,是对资本市场领域规模较小企业的统称。如表5所示。

比如,欧盟证券法规明确界定了资本市场领域的中小企业标准,对于股票在交易场所交易的企业,采用市值限额2亿欧元的标准;对于未在任何交易场所交易的企业,采用雇员、总资产和营业额组合指标。欧盟在《招股说明书指令》等证券法规中专门制定与这类企业相匹配的信息披露制度,降低中小企业证券市场融资成本,并建立中小企业成长市场(SME Growth Markets)制度,目前欧盟范围内有20家交易场所登记为中小企业成长市场。美国证券法规将在公开市场交易但市值低于2.5亿美元的公司称为小型公众公司,可以适用不同于其他类型企业的发行和信息披露制度。

加拿大证券法规界定了风险企业发行人和初级发行人两种类型的中小企业,前者是不在多伦多交易所等主要市场上市的报告公司,后者是总资产、营收和净资产均不超过1000万美元的非报告公司。加拿大专门为这两类企业制定差异化的发行、信息披露和监管制度,适用的监管标准较低,并提供专门的交易场所,目前包括多伦多风险企业交易所(TSX Venture Exchange)和加拿大证券交易所(CSE)。

印度证券法规专门引入了中小企业证券发行交易监管制度,与规模较大企业适用的制度相比,融资速度更快、成本更低。发行后总股本面值不超过1亿卢比(135万美元)的企业,必须适用中小企业发行交易路径;发行后总股本面值位于1亿卢比(135万美元)到2.5亿卢比(337万美元)之间的企业,可以适用中小企业发行交易路径,但也可以放弃适用。印度为中小企业提供两个专门的交易平台，分别是孟买证券交易所 SME 市场（BSE SME Exchange）和印度国家证券交易所 Emerge 市场（NSE SME Exchange）。

表5　部分国家/地区资本市场对中小企业的界定

国家/地区	具体界定标准
欧盟	根据欧盟《金融工具市场指令 II》，对于股票在交易场所交易的企业，过去三年末股票平均市值低于 2 亿欧元的，界定为中小企业。 对于股票不在任何交易场所交易的企业，中小企业需至少满足以下两个条件：（1）上一财年平均雇员少于 250 人；（2）总资产不超过 4300 万欧元；（3）年净营业额不超过 5000 万欧元
美国	将在公开市场上交易但市值低于 2.5 亿美元的公司称为小型公众公司
澳大利亚	股票市值不超过 3 亿美元，且不属于澳大利亚 S&P/ASX300 指数成分股
加拿大	加拿大证券法定义了两种类型的中小企业。 风险企业发行人（Venture Issuer）：是将 IPO 过程中小规模发行人与大规模发行人区分开的概念，定义为报告公司但股票不在 TSX 和其他国家主要市场上市的企业 初级发行人（Junior Issuer）：是非报告公司，最近财年总资产、总营业收入和所有者权益均不超过 1000 万美元
印度	企业发行后总股本面值不超过 1 亿卢比（135 万美元），证券发行交易适用中小企业证券监管制度；发行后总股本面值在 1 亿卢比至 2.5 亿卢比（337 万美元），可以选择适用中小企业证券监管制度，也可以放弃
以色列	证券监管者对小型公司的界定：市值低于 7500 万美元，且公众持股低于 1250 万美元

资料来源：IOSCO 和各国/地区网站。

四、小结

不同国家/地区关于"中小企业"的称谓可能有所不同，但均是与大规模企业相对的概念。划分标准也各不相同，但中小企业在一国或地区经济社会中均占据重要地位、发挥重要作用。根据经济合作与发展组织（OECD）估计，中小企业数量占全球企业总数的 90% 以上，全球 63% 以上的就业岗位由中小企业提供。虽然中小企业很重要，但这类企业面临经营不确定性大、抗风险能力弱、资源获取能力差、融资难等问题，需要政府的大力扶持。若要实现政策精准扶持或精准干预，有必要对中小企业进行清晰界定。总结境内外实践，主要有以下经验启示。

一是传统统计视角划型标准与经济发展的适应性逐步降低。雇员人数是各国普遍采用的划分指标，但随着自动化技术的广泛运用和新用工形式的不断出现，部分行业已不适宜采用员工人数来衡量企业规模。同时，随着新经济的兴起，新技术、新产业、新业态、新模式等创新型企业日益成为新设企业主体，这类企业成长和发展规律与传统企业差异较大，收入、资产等财务指标度量这类企业规模的适应性不断下降。因此，各个国家需要结合国内经济发展情况不断细分行业，调整规模度量指标和具体数量标准。

二是政策目的多样性与划型标准的单一性矛盾日益突出。政府对中小企业进行划分主要是为了实施相关支持政策，如政府资助政策、政府采购政策、信贷政策、税收政策等。不同政策的目标不同，面向的企业群体也有所差异，适用单一的中小企业划分标准将降低政策实施的效果。而且在有些特殊业务领域，比如资本市场领域、银行部门、监管组织，对中小企业的认知和衡量标准不同于政府部门。以资本市场为例，若按照工信部企业划型标准（见表6），新三板精选层、科创板和注册制创业板中小企业占比分别为76%、64%、58%，既没有反映出资本市场多层次特性，也没有体现新三板服务中小企业的主平台作用。

表6　按照工信部企业划型标准对挂牌/上市公司分类情况

类型	大型企业	中型企业	小型企业	微型企业	中小企业占比
精选层	24%	41%	35%	0%	76%
科创板	35%	51%	13%	1%	65%
注册制创业板	42%	47%	11%	0%	58%
总计	35%	49%	15%	1%	65%

资料来源：Wind资讯，截至2020年底。

三是专门制定资本市场领域中小企业划分标准。目前，科创板和创业板发行上市标准中，营业收入标准最低达1亿元，低于工信部绝大部分行业中小企业划分标准，市值标准低至10亿元，这种极低的上市标准导致中小企业趋之若鹜申请科创板和创业板发行上市，放弃新三板快速便捷低成本的融资路径，截至2020年底，科创板和创业板在审企业分别达224家和395家，形成沪深交易所IPO申报企业排队现象，降低了资本市场整体资源配置效率。同时，证监会发布了《关于全国中小企业股份转让系统挂牌公司转板上市的指导意见》，沪深交易所和全国股转公司已发布转板配套规则，随着转板机制的落地，中小企业成长壮大后可以便捷地转板至科创板和创业板，但目前科创板和创业板发行上市显性标准较低，多数中小企业选择直接IPO进入科创板或创业板的通道，相应选择转板上市通道的企业较少，这可能导致转板制度设计形成"空中楼阁"，无法实现多层次资本市场有机联系的制度初衷。因此，建议专门制定资本市场领域中小企业划分标准，统筹不同市场准入标准设置，打造层次分明、有机联系、功能互补的多层次资本市场体系，在此基础上优化非上市公众公司监管制度，建立中小企业发行交易制度体系，更好地服务中小企业创新发展。

参考文献

［1］白涌如．"中小企业"概念和标准的演变分析［J］.中国中小企业，2019（8）：79-80．

［2］刘劲聪．日美中小企业划分标准的比较分析及其启示与借鉴［J］.东南亚研究，2007（2）．

［3］周科．美国小企业界定标准和方法解析［J］.中国中小企业，2018（9）．

［4］周科．欧盟中小企业标准的制定原理和实施［J］.国际金融，2017（9）：48-56．

［5］Bolton，J. E. Small Firms：report of the committee of inquiry on small firms［R］. London：HMSO，1971．

［6］Berisha G，Pula J S. Defining Small and Medium Enterprises：a critical review［J］. Social Science Electronic Publishing，2015，1（1）：17-28．

［7］Deniss Ščeulovs，Elīna Gaile Sarkane. Classification of Micro and Small Enterprises［J］. 2012．

［8］Esubalew A，Raghurama A. Revisiting the Global Definitions of MSMEs：Parametric and Standardization Issues［J］. Asian Journal of Research in Business Economics and Management，2017，7（8）：429．

［9］European Commission. User guide to the SME Defnition［R］. 2016．

［10］IOSCO. SME financing through capital markets［R］. 2015．

［11］Kushnir，K.，Mirmulstein，ML，Ramalho，R. Micro，small，and medium Enterprises around the world：how many are there，and what affects the count？MSME Country Indicators［R］. World Bank/IFC，2010．

［12］Madani A E. SME Policy：Comparative analysis of SME definitions

［J］. 2018.

［13］Raczyska M. Definition of micro, small and medium enterprise under the guidelines of the European Union ［J］. Review of Economic and Business Studies, 2019.

［14］OECD. Financing SMEs and Entrepreneurs 2020: An OECD Scoreboard ［R］. 2020.

［15］Pawar A, Sangvikar B. Understanding the SME: role and distribution in India ［C］. International Conference on Innovation of Small Medium-sized Enterprise, 2019.

［16］Tewari P S, Skilling D, Kumar P , et al. Competitive small and medium enterprises : a diagnostic to help design smart SME policy ［J］. World Bank Other Operational Studies, 2013.

［17］UNCTAD. Accounting and financial reporting by small and medium-sized enterprises: trends and prospects ［R］. 2016.

［18］Wapshott, R. , & Mallett, O. Small and medium-sized enterprise policy: designed to fail? ［J］. Environment and Planning C: Politics and Space, 2018, 36 (4): 750-772.

中小企业受疫情冲击的微观机理、
宏观影响与融资需求演变

郭曼仪　朱尚文*

摘　要： 基于新三板挂牌公司持续的问卷调查与跟踪调研，本文以挂牌公司为样本，深入研究了疫情对中小企业生产经营的影响和机理，以及新形势下中小企业融资需求的演变情况。研究发现，疫情冲击呈现阶段性、区域性、行业性差异，内需不足是中小企业当前面临的主要困难，用工、原材料等成本端压力逐步加大，企业资金缺口凸显；中长期看，要关注企业规模结构分化、数字化转型难题与创新资金供给不足等问题，警惕中小企业大面积增长"失速"导致经济滑向 K 型增长。立足金融服务实体经济，2021 年要在稳杠杆背景下，重点处理好中小企业融资需求总量与覆盖面、需求结构与融资品种、投融平衡需求与流动性三组关系，持续深化多层次资本市场改革，促进中小企业高质量发展。

关键词： 中小企业　疫情冲击　融资需求

一、引言

新冠肺炎疫情在全球范围内的迅速蔓延对国际经济社会秩序造成了严重影响，也给我国经济高质量发展带来前所未有的严峻挑战，尤其对中小企业影响较大（朱武祥等，2020；王正位等，2020；汪政、陈文晖，2020）。在新冠肺炎疫情防控常态化背景下，科学分析中小企业当前面临的主要困境与挑战，关

---

* 郭曼仪、朱尚文，全国中小企业股份转让系统有限责任公司信息统计部经理。

注新冠肺炎疫情大流行产生的中长期影响，准确把握新形势下中小企业金融需求，对充分释放我国经济发展潜力和强大动能具有重要的现实意义（徐玉德，2020）。

新三板作为资本市场服务中小企业的重要平台，截至2020年末，挂牌公司存量8187家，民营和中小企业均占比93%，覆盖境内所有省、市、自治区，涉及国民经济87个大类行业。为充分利用新三板服务中小企业的丰富实践经验和数据积累，新三板建立了挂牌公司定期问卷调查机制，通过线上加线下、问卷加座谈等形式，以挂牌公司为样本，持续跟踪评估中小企业生产经营情况和融资需求。其中，2020年围绕抗击疫情的关键时间节点开展了多次问卷调查，共回收有效问卷10011份。

本文基于新三板挂牌公司持续的问卷调查与跟踪调研，以挂牌公司为样本，重点分析了三方面问题：一是短期，疫情冲击如何从供需、成本、资金等方面影响中小企业生存现状；二是中长期，经济结构性复苏下，需要关注的企业规模分化、数字化转型难题与创新资金供给不足等问题；三是立足资本市场，在稳杠杆背景下，需重点处理的中小企业融资需求总量与覆盖面、需求结构与融资品种、投融平衡与流动性三组关系。

二、基本概况：疫情全面冲击下的内部结构分化

在疫情发生前（截至2019年12月），我国中型、小型企业PMI已连续16个月处于荣枯线之下，生产经营持续承压。新冠肺炎疫情暴发，叠加我国经济"三期叠加"以及"中美经贸摩擦"等多重因素影响，部分中小企业在经济活动出现短暂系统性停摆的情况下，面临阶段性、结构性冲击。

（一）疫情的分阶段影响

阶段一：2020年1月下旬，新冠肺炎疫情快速扩散。全国春节假期延长3天，20多个地区推迟10天开工复产，国内外物流、人流受到严格限制，中小企业经营受到重创。2月问卷调查显示，91.73%的挂牌公司生产经营受疫情影响。其中，19.71%的挂牌公司受影响严重，经营暂时停顿或面临严重困难。

阶段二：2020年3月下旬，本土疫情传播基本阻断。国家密集出台了一系列救助政策，分类有序推进企业复工复产。5月问卷调查显示，防疫物资缺乏和员工返岗障碍逐步消除，98.77%的挂牌公司已复工。但受限于经济循环不畅，企业生产能力难以有效发挥，仅64.87%的企业生产能力恢复到八成以上。

阶段三：2020年5月以来，疫情防控从应急状态转为常态化①。中小企业复工比率稳步提升，8月和12月问卷调查显示，挂牌公司生产经营恢复至八成以上占比分别为70.46%、76.98%，分别较5月问卷调查结果高5.59个、12.11个百分点。但同时需看到，中小企业"复工难复产、复产难达产"的局面仍未明显改善。12月问卷调查显示，40.30%的挂牌公司表示现已正常生产或好于疫情前的生产运营情况，较预期超八成企业能完全达产相比低40个百分点。

（二）疫情的区域行业影响

从地域结构看，湖北、北京、黑龙江等地②中小企业受冲击更为明显。2020年2月问卷调查显示，处疫情"震中"的湖北省98.63%的公司生产经营受疫情影响；其中，36.99%的公司受影响严重，经营暂时停顿或面临严重困难。预计复工时间在2月中旬以后的占比高达76.03%，较挂牌公司整体高近30个百分点。5月问卷调查显示，湖北、北京、黑龙江等重点防疫地区③人员返岗、物流影响仍未消除，产能恢复程度为一半以上的公司占比分别为79.18%、77.06%、74.67%，较整体分别低6.08个、8.21个、10.60个百分点。

从行业结构看，由于新冠肺炎疫情的高传染性，人员流动性、接触性、集聚性强的住宿和餐饮业，卫生和社会工作业，文化、体育和娱乐业，教育业，房地产服务业，居民服务、修理和其他服务业等非刚需、可选择性的消费服务业受疫情持续影响显著。2020年2月问卷调查显示，消费服务业受疫情影响经营出现暂时停顿或面临严重困难的公司占比为34.78%，较被调查整体高15.07个百分点；12月问卷调查显示，消费服务业中仅24.64%的现已正常生产或好于疫情前的生产运营情况，较全市场低15.67个百分点。

（三）疫情下的中小企业信心

从问卷调查情况看，中小企业对未来业绩的恢复预期与疫情控制、市场需求回升高度相关。2020年5月问卷调查显示，疫情极端影响期已过，企业各方

---

① 参见2020年5月8日发布的《关于做好新冠肺炎疫情常态化防控工作的指导意见》。

② 截至2020年12月31日，31个省（自治区、直辖市）和新疆生产建设兵团累计报告确诊病例87071例，其中湖北省累计报告新冠肺炎确诊病例68149例，北京累计报告新冠肺炎确诊病例987例，黑龙江累计报告新冠肺炎确诊病例964例。

③ 各地对一级响应级别进行调整的时间集中于2020年2月底和3月初，其中，北京于4月30日调整为二级响应级别，湖北省于5月2日响应级别调整为二级响应。

面信心呈边际改善。挂牌公司表示经营停顿或面临严重困难的占比仅为3.60%，较 2 月问卷调查下降了 16.11 个百分点，绝大部分经营困难的挂牌公司经受住了疫情的极端压力测试。

后续疫情虽然有所反复，但中小企业未来发展信心仍小幅提升。2020 年 8 月调查问卷显示，预计全年营收、净利润同比下降 10%以上的挂牌公司占比分别为 36.84%、36.84%，分别较 5 月调查问卷下降 8.17 个、1.84 个百分点。12 月调查问卷显示，89.84%的挂牌公司对 2021 年经营环境有信心，叠加 2020年低基数效应，预计在 2021 年净利润同比增长 10%以上的公司占比 57.12%，较其对 2020 年的预计高 28.10 个百分点。

三、短期影响：需求主导的成本交替与资金缺口

在复工复产政策的积极引导下，目前我国已完成以推动复工复产为先导、以供给面修复为标志的行政型经济复苏，正转向以需求扩张为先导、以经济循环修复为标志的市场型深度复苏，需求不足取代供应链中断成为经济复苏的最大障碍（刘晓光等，2020）。问卷调查显示，中小企业在收入缺失的情况下，用工、原材料等主要成本随着宏观环境变化交替上升，资金缺口进一步扩大。

（一）内需影响不断凸显

疫情发生以来，居民外出购物减少，聚餐聚会旅游大量取消，居民压缩非必需消费需求，2020 年全国居民人均消费支出同比实际下降 4.0%。在疫情冲击下，消费持续降低，全年社会消费品零售总额增速为-3.9%，制造业和民间投资不振，有效需求不足问题凸显（杨伟民和王志刚，2020；盛来运，2021）。从问卷调查结果来看，78.00%的挂牌公司海外收入占比不足 10%，需求压力主要体现在内需层面。

具体看，2020 年 5 月调查问卷显示，40.85%的未复工挂牌公司因营收太低，从经济角度选择不复工；66.26%的已复工挂牌公司反映市场需求下降、订单减少是复工后面临的主要困难，较 2 月调查问卷高 11.49 个百分点。其中，下游需求减少取代供应链中断成为挂牌公司订单减少的主要因素，占比72.10%。市场需求的持续不足，进一步加剧了复产后行业竞争。8 月调查问卷显示，订单减少的挂牌公司占比从 5 月调查问卷的 75.57%上升至 78.37%，其中 84.94%是受下游需求减少、同行业竞争激烈导致的被动式减少。在此情况下，扩内需政策加码，中央经济工作会议指出，"将坚持扩大内需这个战略基

点作为 2021 年要抓好的重点任务之一"①。2020 年 12 月调查问卷显示，订单明显下降的挂牌公司占比有所减少，但仍占 69.39%，市场订单缺乏的需求侧因素仍是中小企业复苏发展的瓶颈性约束。

（二）成本端压力交替

抗疫停工期间，中小企业主要面临职工工资、社保费、住房公积金、房屋租金、银行利息等固定成本压力。为此，各级政府迅速响应，快速出台了系统性、针对性的救助政策组合，覆盖范围除税项、五险一金等行政性收费外，还扩展到水、电、气、交通通行费以及薪资补贴等，有效缓解了中小企业短期成本压力。5 月调查问卷显示，2020 年第一季度挂牌公司综合生产成本上升或下降 10% 以上的占比均为 20% 左右，成本端压力变化相对不大。

随着复工复产有序推进，企业用工成本压力逐步加大。8 月调查问卷显示，78.23% 的挂牌公司表示每单位营收的综合生产成本上升，较 5 月调查问卷高 16 个百分点以上。其中，68.30% 反映单位用工成本上升，用工成本成为主导因素；消费服务业用工成本压力明显，88.89% 反映用工成本上升，较全市场高 20.58 个百分点。

2020 年 10 月以来，大宗商品价格推动中小企业原材料成本上涨。12 月大宗商品价格指数（CCPI）涨至年内高点，较 2019 年同期上涨 5.8%。12 月调查问卷显示，原材料、物流、用工成本抬升占比分别较 8 月调查问卷提高 10.61 个、3.15 个、2.02 个百分点，原材料对企业成本抬升最为明显；融资和税费成本在财政金融政策支持下保持稳定，22.89% 的公司税费负担同比下降 10% 以上。

（三）资金缺口持续扩大

在企业复工延迟、产能利用率下降、成本端压力交替上升的影响下，中小企业资金流动性明显承压。2020 年各次调查问卷均显示，存在资金缺口的挂牌公司占比均超七成；12 月调查问卷显示，超两成挂牌公司的资金缺口在 30% 以上。

一方面，市场需求下行，中小企业自身造血能力与回款能力不足。12 月调查问卷显示，仅有 29.02% 的挂牌公司预计 2020 年全年净利润同比上升 10% 以

① 参见中央经济工作会议在北京举行 习近平李克强作重要讲话，http://www.scio.gov.cn/tt/xjp/Document/1694915/1694915.htm。

上，为上年一半。同时，中小企业多采取商业信用方式融资，在疫情冲击下，供应链上游企业大多选择延长账期，增大了中小企业资金压力（徐玉德，2020）。另一方面，为了弥补 2020 年受疫情影响的投资收缩，部分中小企业 2021 年恢复性扩张发展的资金需求较高。12 月调查问卷显示①，36.48% 的挂牌公司计划在 2021 年增加 10% 以上的经营扩张投入；其中，43.33% 的湖北省挂牌公司计划增加 10% 以上的经营扩张投入，较整体高 6.86 个百分点。

四、中长期关注：中小企业"失速"的 K 型增长风险

自疫情发生以来，各方开始关注经济受到外生冲击后的非均衡、结构性复苏特征（张平、杨耀武，2020），部分研究将之称为 K 型复苏②（冯煦明，2020；张明，2021；程实，2021）。美国新任财政部部长耶伦在其就职信中强调了在美国"K 型增长并不是短期现象，而是由来已久的长期趋势"③；日本银行行长明确指出，"疫情产生的冲击是不平衡的，不同行业和规模的企业、不同年龄段的消费群体，所受到的影响大相径庭"（黑田东彦，2021）。后疫情时代，要高度关注经济复苏过程中的规模、产业、创新要素的结构性趋势变化，避免中小企业大面积"失速"诱发我国经济滑向 K 型增长。

（一）规模分化差距不断加大

近年来，一批头部中小企业在"增速换挡期"，利用规模优势快速成长，而微利的中小企业经营愈加困难。根据 2019 年年报数据统计，净利润超 3000 万元的高盈利挂牌公司 785 家，占比 11.29%，营收和净利润分别占新三板全市场 48.01% 和 86.96%，分别较上年提高 4.13 个、2.42 个百分点；亏损和 200 万元以下的微利挂牌公司 2929 家，占比 42.11%，营业收入下降 5.16%，毛利率同比下降 1.70 个百分点，亏损规模同比扩大 69.90%。

疫情冲击后，头部中小企业将利用其资金优势和强大的抗风险能力快速恢复，加快抢占市场、并购资产，而一批中小企业受到更大负面冲击，或倒闭破

---

① 23.19% 的消费服务业挂牌公司计划增加 10% 以上的经营扩张投入，较整体低 13.29 个百分点。该现象反映了受疫情深度冲击的消费服务业中小企业，面临需求恢复的不确定性，在 2021 年呈继续收缩态势。此问题对研判中小企业未来的投资扩张非常重要，限于文章主题，不在此做进一步研究。

② K 型复苏，即当经济出现衰退后（类似"K"的一竖），经济的不同部分以不同的速度、时间或程度复苏（类似"K"的两臂）（张启迪，2020）。

③ 参见 2021 年 1 月 26 日，在宣誓就任美国第 78 任财政部部长后，珍妮特·耶伦对外发布的就职信，https://home.treasury.gov/news/press-releases/jy0003。

产，或被收购进入大型企业的供应链中。12月调查问卷显示，以新三板精选层挂牌公司为代表的头部中小型企业扩张意愿进一步增强，62.16%的精选层公司计划2021年增加10%以上的经营扩张投入，公司占比是全市场的近两倍，81.08%的精选层公司预计2021年营收同比增速超10%，分别较创新层、基础层高12.58个、21.73个百分点，规模效应在疫情冲击后将越发明显。

（二）数字化转型的行业难题

疫情既对现有经济结构产生了明显冲击，也加速了我国经济的数字化进程（吴静、张凤、孙翊等，2020）。在疫情防控期间，以网络零售为代表的各类线上消费、新型消费发展迅速。2020年1—5月，我国社会消费零售总额同比下降13.5%，而实物商品网上零售额同比增长11.5%。具体看，网上外卖、线上教育、远程办公、在线诊疗等个人和企业化数字服务竞相出现，在传统服务业受到冲击时，为服务业提供了新的发展窗口[①]；一些不具备线上平台，但具有数字化能力的企业也可快速与平台对接，寻求机遇（李维安、陈春花、张新民等，2020）。

可以说，疫情蔓延改变了消费需求和消费模式，个性化、定制化、多元化需求越来越普及，正在不断倒逼中小企业数字化转型（李玮、李文军，2020）。但大部分中小企业在转型升级的过程中，缺乏人才、资金和技术支持，数字化投入不足、信息化改造水平有待提升，面临数据孤岛尚未打通等问题[②]；平台经济在发展过程中的行业垄断问题也越发受到各方关注[③]。在此情况下，市场头部聚集效应会进一步显现，处于尾部的数量众多的中小平台，会面临随时淘汰出局的风险[④]；中小企业将更多面临"结构调整阵痛期"的经营困难，除非附着在头部企业的产业链条上，否则发展空间可能更加逼仄。

（三）创新内生资金供给不足

中长期看，科技创新的竞争、新经济的发展制高点的竞争，会成为分化的

[①] 参见中国互联网络信息中心.第46次中国互联网发展状况统计报告［EB/OL］.［2020-09-29］. http：//www.cnnic.net.cn/hlwfzyj/hlwxzbg/hlwtjbg/202009/t20200929_71257.htm。

[②] 参见商务部电子商务和信息化司.中国电子商务报告（2019）［EB/OL］.［2020-07-02］. http://dzsws.mofcom.gov.cn/article/ztxx/ndbg/202007/20200702979478.shtml。

[③] 参见国家市场监督管理总局.促进平台经济规范有序创新健康发展——《国务院反垄断委员会关于平台经济领域的反垄断指南》解读［EB/OL］.［2021-02-07］. http://gkml.samr.gov.cn/nsjg/xwxcs/202102/t20210207_325970.html。

[④] 参见国家信息中心分享经济研究中心.中国共享经济发展报告（2020）［EB/OL］.［2020-03-09］. http：//www.sic.gov.cn/News/568/10429.htm。

全球化发展阶段很重要的特征之一（巴曙松，2020）。近年来，挂牌公司研发投入持续保持10%以上增长，2019年平均研发强度达到3.33%，较全社会水平高1.14个百分点。中小企业相对较高的创新活力得益于本身的转型升级意识与外部推动力。一方面，国家持续降低企业创新成本，2018年提高企业研究开发费用税前加计扣除比例和适用范围等；加大正向激励，将研发投入和创新绩效纳入资本市场上市/精选层挂牌、地方政府政策支持等多方面考核指标。另一方面，挂牌公司2015—2017年净利润增速中值在10%以上，为高研发投入奠定了资金基础。

然而，经济下行压力加大，中小企业经营明显承压，疫情冲击进一步削弱企业自身造血能力。若后续市场需求持续疲软、企业盈利空间不断被压缩，一批高研发投入的中小企业将可能失去内生增长动力。长远看，企业创新投入高度依赖企业内生造血能力，要防止企业在短期生存压力加大的情况下，无法维持高研发增速，从而影响企业的长期创新发展。

五、融资需求：处理好稳杠杆背景下的三组关系

中小企业在经济高质量发展的新形势下，叠加疫情与全球政经形势的冲击，短期经营压力骤增，中长期发展承压，金融系统在适应经济结构转型、促进中小企业融资发展的空间不断加大。如何更好地实现金融支持实体经济，帮助中小企业抓住疫情的契机、创新发展模式，需处理好稳杠杆[①]背景下中小企业融资的三组关系。

（一）需求总量提升与覆盖面不足

疫情冲击下，企业获取现金能力趋弱，未来经营预期反弹情况下，企业创新与产能扩张需求重启，融资需求总量进一步提升。疫情暴发以来，我国加大对中小企业的信贷支持力度，然而直接融资对中小企业的覆盖面不足、融资效率较低，或将进一步加剧直接融资与间接融资不平衡局面，企业被动加杠杆风险增大。

从需求端看，短期，疫情冲击下的供应链中断和需求萎缩，导致中小企业面临收入缺失下的成本延续，资金缺口急剧放大。长期，中小企业创新突破和转型升级，直接融资需求不断提升。部分企业家反馈，创新既有红利，也可能

---

① 2020年中央经济工作会议指出，"保持宏观杠杆率基本稳定"。

给中小企业带来高投入下产出不确定的"阵痛"，关键需为长周期、高风险的创新匹配多轮次直接融资。从供给端看，疫情下，我国多措并举促进中小企业贷款增量、扩面，但直接融资供给未及时跟进。信贷政策在缓解中小企业现金流危机时，也抬升了企业杠杆率，埋下了流动性隐患。2020年上半年，非金融挂牌公司短期和长期借款分别同比增长65.85%和21.19%，股票融资同比减少35.87%，导致资产负债率为49.73%，较上年末上升0.19个百分点。

（二）需求结构改变与融资品种单一

中小企业融资需求结构发生改变，对股票、债券等多元化产品的需求日益突出，然而当前金融系统产品多元化不足，难以满足市场差异化需求。

从需求端看，一是中小企业存在难以由银行体系满足的债权融资需求。近年来，挂牌公司股票融资用于补充流动资金的金额占比，已从2017年的30%提升至2020年以来的80%，直接融资内部的产品错配问题渐显。二是部分中小企业"跨越式"发展特征突出，2020年我国独角兽企业227家，居全球第二①。在座谈调研中，多家挂牌公司反馈需要通过债券融资来锁定融资成本，防止单一股权融资下的控制权稀释，打击创始团队创新发展积极性。三是以优先股、可转债为代表的股债结合类产品，既能赋予投资人获取长期股权投资收益的选择权，也能给予其定期的利息收入，市场需求日增。从产品端看，市场普遍认为中小企业资本市场的产品多元化供给不足。一方面，市场呼吁要持续建设完善面向中小企业的债券品种，满足挂牌公司通过直接融资获取流动性资金补充的需求，打破当前"重股轻债"的局面。另一方面，多家公司建议后续改革要兼顾各层次的融资功能，加快完善优先股等配套融资工具供给，解决优先股无法转为普通股、票面股息率受限等问题。

（三）投融平衡需求与流动性②不足

中小企业通过在资本市场的发展，对资本"投入—回报—再投入"循环的认识不断清晰，越发重视从投资端看待资本市场需求。在历次问卷调查和座谈调研中，挂牌公司一致认为流动性是决定中小企业直接融资的核心要素，缺乏

---

① 参见胡润研究院．苏州高新区·2020胡润全球独角兽榜［EB/OL］．［2020-08-04］．https：//www.hurun.net/zh-CN/Info/Detail? num=EH5O51YAJB9K。具体看，全球有586家独角兽企业，比去年增加92家，其中美国以233家领先于中国的227家，美中两国占全球独角兽总数八成，英国和印度分别以24家和21家排在第三和第四。

② 限于文章主题，本文主要指资本市场二级市场的流动性，区别于货币政策中的流动性。

流动性的市场既不能降低投融资对接的谈判定价成本，也无法吸引投资人、满足其后续退出需求。

近年来，市场各方持续关注新三板市场流动性。在实施公开发行并设立精选层后，精选层挂牌公司的成交连续性与成交量均较公开发行前明显提升，但横向比较仍显不足，流动性对中小企业融资的支撑不足。2020 年挂牌公司全年融资额在公开发行带动下上升至 338.50 亿元，同比上升 27.91%，但仍是 2018 年全年融资规模的 56.00%，处于较低水平；融资公司 674 家，同比上升 12.33%，是 2018 年全年融资家数的 50.60%，覆盖面相对有限，亟须进一步发挥资本市场的财富效应，满足中小企业投融平衡的需求，释放资本市场的资源优化配置功能。

六、结论与建议

疫情对中小企业产生了全面而深远的冲击与影响。短期看，在前期复工复产政策的积极推动下，供给侧迅速复苏，然而需求侧复苏速度相对较慢，如何在中小企业成本交替上升与资金缺口持续扩大的情况下不断提升经济内需成为关键。中长期看，中小企业的规模结构分化、数字化转型难题与创新资金供给不足等问题不断显现，要警惕中小企业大面积增长"失速"导致经济滑向 K 型增长。面对上述新情况、新趋势，建议深入把握与理解稳杠杆背景下中小企业融资需求与供给的三组关系，聚焦多层次资本市场的继续深化改革，不断促进中小企业高质量发展。

一是加快完善多层次资本市场体系，扩大资本市场覆盖面。在做好注册制试点总结评估和改进优化的前提下，推进注册制改革包括新三板在内的全市场实施。统筹做好转板上市的落地工作，加强新三板与区域性股权市场的对接，打造中小企业资本市场全生命周期发展路径。二是持续完善多元化的资本补充机制，为中小企业提供更多融资选择。紧密结合中小企业发展特点，深入研究科创板和创业板各项融资制度改革经验；持续丰富市场股债结合类融资工具；制定精选层公司持续融资制度。三是持续提升新三板市场流动性，不断完善市场投融资生态。进一步推进投资者规模和结构完善，积极引入对接政府引导基金，丰富社保、保险、基本养老金、年金等长期资金来源，促进将居民储蓄有效转换为中小企业创新发展资本。

参考文献

［1］巴曙松. 思考疫情之后的全球分化阶段：在"北大汇丰金融前沿讲堂系列第 78 期"的现场点评［EB/OL］.（2020－05－07）. https：//hfri. phbs. pku. edu. cn/2020/news_0518/968. html.

［2］程实. K 型增长与 O 型投资［EB/OL］.（2021－02－07）. https：//www. sohu. com/a/449415847_465450.

［3］冯煦明. 促使复苏从"K 型"转向"V 型"，货币政策需更注重结构性［N］. 21 世纪经济报道，2020-07-02（004）.

［4］黑田东彦. 疫情对日本经济的中长期挑战［J］. 中国金融，2021（4）.

［5］李玮，李文军. 从新冠肺炎疫情防控看中小企业数字化转型［J］. 企业经济，2020，39（7）：14-19.

［6］李维安，陈春花，张新民，毛基业，高闯，李新春，徐向艺. 面对重大突发公共卫生事件的治理机制建设与危机管理——"应对新冠肺炎疫情"专家笔谈［J］. 经济管理，2020，42（3）.

［7］盛来运. GDP 突破百万亿元后，中国经济如何应对"成长的烦恼"［EB/OL］.（2021－02－05）. https：//www. 163. com/dy/article/G22L0KDE0514R9KD. html.

［8］汪政，陈文晖. 后疫情时期：我国中小微企业进一步纾困策略［J］. 价格理论与实践，2020（4）：8-11.

［9］王正位，李天一，廖理，袁伟，李鹏飞. 疫情冲击下中小微企业的现状及纾困举措——来自企业经营大数据的证据［J］. 数量经济技术经济研究，2020，37（8）：3-23.

［10］吴静，张凤，孙翊，朱永彬，刘昌新. 抗疫情助推我国数字化转型：机遇与挑战［J］. 中国科学院院刊，2020，35（3）：306-311.

［11］徐玉德. 全球疫情冲击下中小企业面临的挑战及应对［J］. 财会月刊，2020（12）：114-118.

［12］杨伟民，王志刚. 居民消费率持续降低，既是疫情影响，更是我国长期性的结构性之殇［EB/OL］.（2020－09－07）. https：//finance. sina. com. cn/china/gncj/2020-09-07/doc-iivhvpwy5437058. shtml.

［13］张明. V 型、U 型、耐克型还是 K 型？［J］. 金融博览，2021（2）：

42-43.

[14] 张平，杨耀武．疫情冲击下增长路径偏移与支持政策——基于对企业非均衡冲击的分析 [J]．经济学动态，2020（3）：22-34.

[15] 张启迪．美国经济"K型"复苏的原因及对中国的启示 [J]．经济界，2021（1）：14-18.

[16] 中国人民大学中国宏观经济分析与预测课题组，刘晓光，刘元春，闫衍．疫情冲击、修复调整与基础再造的中国宏观经济 [J]．经济理论与经济管理，2020（8）：12-31.

[17] 朱武祥，张平，李鹏飞，王子阳．疫情冲击下中小微企业困境与政策效率提升——基于两次全国问卷调查的分析 [J]．管理世界，2020，36（4）：13-26.

地方政府债务风险评估和预警指标研究

明　明　李　晗[*]

摘　要： 以债务率为核心的地方政府债务风险指标始终是地方债的研究和监管重点。由于口径繁多、科目冗杂，地方债务规模测算方法和监控指标体系仍在不断更新和完善。本文以狭义的政府债务（一般债务和专项债务）为研究对象，从新的角度提出债务风险监控指标，同时结合风险监控指标，尝试构建地方债务风险预警体系。

关键词： 地方债　风险监控　预警体系

一、地方政府债务溯源

根据举债主体差异，地方政府债务主要包括地方政府债券和融资平台债务。2014年8月，新预算法允许地方政府自主发行债券融资；当年9月，国发43号文《国务院关于加强地方政府性债务管理的意见》（以下简称43号文）明确地方政府债务只能由政府及其部门通过政府债券的形式筹措。但由于存量债化解和稳增长的考虑，目前地方政府融资平台举借的城投债和其他债务仍是地方政府债务的重要组成部分。

按募投项目的收益性质，地方政府债券又分为一般债务和专项债务。根据募投项目性质和偿债来源差异，43号文将地方政府债券分为一般债务和专项债券两类（见表1）。一般债券所募资金作为政府营运资金的补充，主要投入没有收益的公益性事业，由一般公共预算收入偿还；专项债券往往投向有一定收

---

　　* 明明，中信证券首席FICC分析师；李晗，中信证券信用分析师。

益的公益性项目（特别是土地整理储备、棚户区改造和高速公路建设），由政府性基金或专项收入偿还。为确保债务偿付，两类债券均实行限额管理并纳入全口径预算管理。

表 1　部分债务类型划分

债务类型	举债主体	举债形式	偿债资金来源
地方政府债券	地方政府	一般债券	一般公共预算收入
	地方政府	专项债券	政府性基金及专项收入
融资平台债务	地方政府融资平台	各类债券	经营、土地出让收入及政府支持
	地方政府融资平台	贷款及非标融资	经营、土地出让收入及政府支持

资料来源：中信证券研究部。

在债务周期视角下，地方政府的债务扩张和收缩反映了经济周期的波动。在地方政府债务上升的过程中，债务融资支持基础设施投资推动经济的发展，接着由于债务压力带来需求增长放缓。在债务扩张周期，政策宽松，流动性充裕，债务和杠杆上升速度加快，引发一轮去杠杆。2015 年的宽松周期到 2017 年的去杠杆防风险就是例子。紧缩周期后的经济增速下行又引发了基建投资带动经济的需求，进而开启新一轮城投宽松周期。如表 2 所示。

表 2　地方政府债务周期更迭

时期	监管环境	主要监管政策
2008 年至 2010 年初	宽松	2009 年财政部 92 号文开启城投支持地方基建的序幕
2010 年下半年至 2011 年	收紧	2010 年国务院 19 号文加强对地方政府融资平台的管理
2012 年至 2014 年上半年	整体宽松	2012 年银监会 12 号文放开地方政府融资平台新增贷款
2014 年下半年至 2015 年初	收紧	2014 年国务院 43 号文标志全面加强地方政府债务管理
2015 年初至 2016 年上半年	宽松	2015 年国务院批准财政部启动城投债务置换
2016 年下半年至 2018 年上半年	收紧	2016 年国务院 88 号文和财预 175 号文加强地方债务监管
2018 年下半年至 2020 年上班年	宽松	2018 年政治局会议提出"六稳"，2020 年进一步"六保"
2020 年下半年至今	边际收紧	财政部要求政策性金融机构不得配合地方政府变相举债

资料来源：财政部官网、中国政府网、中信证券研究部。

二、地方债务风险指标的计算

以债务率为核心的地方政府债务风险指标始终是地方债的研究和监管重

点。随着地方债务规模不断膨胀，地方政府违规担保、举债不规范、信贷管理不善等诸多问题接踵而至。2015年财预225号文明确提出对地方政府债务实行限额管理，但由于口径繁多、科目冗杂，地方债务规模测算方法和监控指标体系仍在不断更新和完善。本文仅考虑狭义的政府债务（一般债务和专项债务），并从新的角度介绍几种债务风险监控指标（见表3）。

表3 地方政府风险指标介绍

指标名称	指标内涵及计算方法
一、债务率	反映财政收入对政府债务的覆盖能力 一般债务率、专项债务率的风险预警线均为100%
1.1 一般债务率	（一般债务余额÷债务年限/一般公共预算可偿债财力）×100%
1.2 专项债务率	（专项债务余额÷债务年限/政府性基金预算可偿债财力）×100%
二、新增债务率	反映政府债务增长速度
2.1 一般债务新增债务率	（一般债务余额增长额/上年一般债务余额）×100%
2.2 专项债务新增债务率	（专项债务余额增长额/上年专项债务余额）×100%
三、偿债率	反映财政预算支出中用于偿还债务的比重
3.1 一般债务偿债率	（一般债务还本额/一般公共预算支出+一般债务还本支出）×100%
3.2 专项债务偿债率	（专项债务还本额/政府性基金预算支出+专项债务还本支出）×100%
四、逾期债务率	反映政府债务余额中逾期债务的比重
4.1 一般债务逾期率	（一般债务逾期债务余额/一般债务余额）×100%
4.2 专项债务逾期率	（专项债务逾期债务余额/专项债务余额）×100%
五、综合债务率	反映地方整体债务风险情况 综合债务率=∑分项风险指标值×权重
分项风险指标权重	一般债务率35%、专项债务率30%，一般债务新增债务率2.5%、专项债务新增债务率2.5%，一般债务偿债率5%、专项债务偿债率5%，一般债务逾期率10%、专项债务逾期率10%
	按照不同政府层级承债能力的差异，如县级综合债务率风险警戒线设为100%
	计算综合债务率时，为避免部分风险指标极值对综合债务率影响过大，计算时对分项指标进行适当修正：一是对可偿债财力小于0或债务率大于300%的地区，债务率指标值取300%；二是对新增债务率大于300%的地区，新增债务率指标值取300%

资料来源：中信证券研究部，地方政府风险评估和预警指标口径说明。

（一）债务率的计算

债务率反映地方政府动用当期财政收入满足偿债需求的能力。学术上，对政府部门杠杆率（债务率）通常有两种计算方法：政府债务余额/GDP、政府债务余额/政府综合财力，其中政府债务余额按是否包含城投有息负债而分为两种口径。两种计算方法分别将地方债务规模与当地生产总值规模/财政收入规模对比，使不同区域的地方债务规模具有可比性，进而对债务风险较高的地区进行甄别和监管。

经济发展的大潮下，债务问题也不能忽视。传统口径下，债务率较高的省份包括天津、江苏、北京、重庆和贵州等（见表4）。我们以政府债务余额/政府综合财力这一传统口径对比各省市债务率。政府债务余额包括一般债务、专项债务和地方融资平台财务报表中的有息负债。值得注意的是，对存在关联的地方融资平台仅保留母公司合并报表数据，避免重复计算。政府综合财力包括全省口径下的一般公共预算收入、政府性基金预算收入和中央对全省的转移支付。该口径下，天津、江苏、北京、重庆和贵州债务率超过300%，债务率较高。

表4 传统口径下2019年各省份债务率

地区	一般债务	专项债务	城投有息负债	政府综合财力	债务率
天津	1504.04	3455.26	14483.60	4375.31	444.38%
江苏	6620.52	8257.86	56972.97	20113.89	357.22%
北京	2116.94	2847.12	26371.68	9170.51	341.70%
重庆	2524.28	3079.40	14074.01	6345.00	310.13%
贵州	5945.73	3727.65	10388.68	6548.85	306.34%
湖南	6197.73	3976.77	14762.72	9715.80	256.67%
陕西	3695.35	2890.47	10647.55	6787.78	253.89%
四川	5887.89	4688.93	22147.24	13477.21	242.81%
湖北	4134.80	3905.18	16976.08	10357.48	241.53%
云南	5316.39	2783.30	10063.96	7967.30	227.98%
江西	3037.84	2313.16	11155.33	7790.90	211.87%
吉林	2902.43	1442.40	4180.23	4208.28	202.58%
广西	3749.62	2578.80	6995.57	6646.78	200.46%
浙江	6200.39	6108.95	30897.59	22119.71	195.33%
安徽	3635.90	4300.46	9608.64	9968.54	176.00%

地区	一般债务	专项债务	城投有息负债	政府综合财力	债务率
福建	3050.44	3983.46	5017.56	7118.81	169.29%
山东	6736.41	6391.10	13011.57	16283.30	160.53%
辽宁	6430.79	2454.30	1441.77	6505.13	158.75%
内蒙古	5778.88	1528.54	1271.77	5430.80	157.97%
宁夏	1186.01	472.62	379.29	1320.53	154.33%
甘肃	1880.42	1236.15	2922.65	4065.43	148.55%
青海	1682.98	419.15	606.01	1873.49	144.55%
河南	4471.35	3438.75	9255.35	12733.80	134.80%
黑龙江	3573.79	1174.81	1787.02	4966.24	131.60%
山西	2157.83	1354.06	3046.65	5292.65	123.92%
河北	5006.03	3747.43	3257.30	10543.77	113.91%
海南	1359.23	871.47	139.87	2187.99	108.34%
上海	2787.67	2934.40	4727.85	10506.00	99.47%
广东	5492.94	6456.01	7487.93	20825.60	93.33%
新疆	3390.02	1570.82	3885.36	9830.00	89.99%
西藏	216.15	37.91	445.19	2261.25	30.92%

资料来源：中国地方政府债券信息公开平台，Wind，中信证券研究部。

但是，传统债务率计算方法存在以下两个问题。

一是存量除以增量的问题。衡量地区存量债务规模，最好是用存量数据计算比值。例如，衡量企业负债水平最常用的资产负债率，通过计算负债占资产的比重，直截了当得出结论。无奈的是，我们似乎无法找到一个存量数据去清晰刻画某个时点地方政府的可动用资产。一个可能的优化方案是将分子端的债务余额除以债务年限，将存量债务平摊到当年的头上，"年化的存量"除以增量更贴近政府的实际偿债能力。

二是没有区分一般债务和专项债务。由于一般债务、专项债务用途不同、偿债来源不同，尽管都代表政府信用、纳入预算管理，但从信用分析的角度仍应分别计算。为此，我们介绍新口径的债务率包括一般债务率和专项债务率，计算方法见表5。

表5　地方政府债务率计算方法

指标名称	计算方法	数据来源
一般债务率	（一般债务余额÷债务年限）／一般公共预算可偿债财力×100%	中国地方政府债券信息公开平台，各省市财政决算报表，各地方政府统计信息网
专项债务率	（专项债务余额÷债务年限）／政府性基金预算可偿债财力×100%	中国地方政府债券信息公开平台，各省市财政决算报表，各地方政府统计信息网

资料来源：中信证券研究部。

"可偿债财力"是本指标值得探讨的一点，其定义是相关预算收入扣除保工资、保运转等刚性支出后剩余部分。采用可偿债财力替代预算收入的初衷是，政府出于维稳社会、保障民生的需求，即使极端情况下也不能将全部收入用于偿债，因而对刚性支出予以扣减。但在实际操作中，我们需要挖掘预算表具体项目、结合当地情况灵活计算，而对无法得到预算表细项的地区，我们只能用预算收入作为分母计算。此外，债务年限可以结合当地政府债务发行到期的节奏进行估计，本文我们以4年作为估计数计算。

各类债务率测算通常采取决算数口径。债务率计算主要涉及两个科目，即债务余额和财力收入（可偿债财力的计算还需要预算收支明细）。其中，收入有预算数和决算数两个口径。年初预算反映在当年财力情况下，对财政资金安排有详细预算，由政府编制、经立法机关审批、反映政府一个财政年度内的收支状况的计划。而决算是预算执行的总结，是预算管理的最终环节，也是区域内经济活动和发展在财政上的集中反映，通常在财政年度终了后编制。在我们的债务指标计算中，通常采取决算数作为政府财力的基准。

（二）债务率计算的实例应用

根据我们的计算方法，我们以广东省云浮市为目标对象，计算2017年该市（本级）一般债务率。2017年，云浮市一般债务余额为7.20亿元，故分子项为7.2÷4＝1.8（亿元）。对分母"可偿债财力"的运算颇具灵活性，结合表6我们提供一种思路。

1. 一般预算收入中，专项转移支付收入专款专用，可灵活调度的总收入应为42.65－10.88＝31.77（亿元）。

2. 一般预算支出主要可分为四类，理论上均属于刚性支出，但是由于每个省份区县自身产业结构差异很大，因此对于刚性支出的理解各不相同。在本篇文章中，我们站在理论视角，仅将一般公共服务支出、国防和公共安全支出纳入刚性政府运转支出，而教科文卫和社保支出惠及民生，也应视为刚性支出全额抵减；但基础设施（节能环保、城乡社区、农林水、交通运输等）和保障房支出以及其他支出较为灵活，在此不予抵减。

因此，云浮市一般预算可偿债财力为 31.77 − 4.02 − 2.71 − 10.62 = 14.42（亿元），一般债务率 = 1.8/14.42 × 100% = 12.48%。

表6 2017年云浮市本级一般公共预算收支决算简表

一般公共预算收入简表		一般公共预算支出简表	
项目	决算数（万元）	项目	决算数（万元）
税收收入	98128	一般公共服务支出	40216
非税收入	53438	国防和公共安全支出	27138
转移性收入	248639	教科文卫和社保支出	106169
一般性转移支付收入	113901	基础设施和保障房支出	53339
专项转移支付收入	108800	其他（转移性支出等）	199653
收入总计	426515	支出总计	426515

资料来源：云浮市统计局政府信息公开平台，中信证券研究部。

同样以云浮市为目标对象，计算该市（本级）2017年专项债务率。2017年云浮市专项债务余额64.31亿元，故分子项为64.31 ÷ 4 = 16.08（亿元）。顺着上文的思路，我们计算得云浮市政府性基金可偿债财力为16.08亿元，专项债务率 = 16.08/47.18 = 34.08%。如表7所示。

表7 2017年云浮市本级政府性基金预算收支决算简表

政府性基金预算收入简表		政府性基金预算支出简表	
项目	决算数（万元）	项目	决算数（万元）
政府性基金预算收入	150627	教科文卫和社保支出	74
国有土地使用权出让	129899	基础设施和保障房支出	106959
转移性收入	3260	其他（转移性支出等）	364723
收入总计	471756	支出总计	471756

资料来源：云浮市统计局政府信息公开平台，中信证券研究部。

同时，以新口径对2019年各省市一般债务率及专项债务率进行计算。新口径未将地方融资平台债务纳入计算范围，因此得到的债务率普遍较低。具体来看，贵州、江西、河北、宁夏和辽宁一般债务率较高；贵州、云南、宁夏、黑龙江和天津专项债务率较高。与传统计算方法对比，江苏、北京等地方融资平台债务规模较大的省份在新口径下债务率均不高。如表8所示。

表 8　新口径下 2019 年各省份债务率

地区	一般债务	一般预算综合财力	一般债务率	地区	专项债务	政府基金综合财力	专项债务率
贵州	5945.73	2015.88	73.74%	贵州	3727.65	1907.02	48.87%
江西	3037.84	1376.93	55.16%	云南	2783.30	1590.64	43.74%
河北	5006.03	2807.08	44.58%	宁夏	472.62	291.76	40.50%
宁夏	1186.01	684.21	43.34%	黑龙江	1174.81	767.09	38.29%
辽宁	6430.79	3785.30	42.47%	天津	3455.26	2365.86	36.51%
广西	3749.62	2377.37	39.43%	辽宁	2454.30	1861.04	32.97%
青海	1682.98	1083.91	38.82%	甘肃	1236.15	975.80	31.67%
内蒙古	5778.88	3907.20	36.98%	吉林	1442.40	1178.84	30.59%
云南	5316.39	3808.01	34.90%	内蒙古	1528.54	1295.70	29.49%
山东	6736.41	4914.64	34.27%	海南	871.47	749.49	29.07%
湖北	4134.80	3168.66	32.62%	新疆	1570.82	1368.30	28.70%
湖南	6197.73	4810.11	32.21%	山西	1354.06	1186.31	28.54%
吉林	2902.43	2404.74	30.17%	陕西	2890.47	2747.77	26.30%
陕西	3695.35	3153.13	29.30%	福建	3983.46	3833.13	25.98%
黑龙江	3573.79	3156.21	28.31%	广西	2578.80	2533.41	25.45%
四川	5887.89	5307.68	27.73%	青海	419.15	416.02	25.19%
海南	1359.23	1262.39	26.92%	江西	2313.16	2537.40	22.79%
甘肃	1880.42	1821.90	25.80%	安徽	4300.46	4812.63	22.34%
山西	2157.83	2104.96	25.63%	湖北	3905.18	4449.91	21.94%
新疆	3390.02	3370.30	25.15%	湖南	3976.77	4610.70	21.56%
河南	4471.35	4490.43	24.89%	上海	2934.40	3425.20	21.42%
安徽	3635.90	3695.71	24.60%	重庆	3079.40	3761.00	20.47%
浙江	6200.39	6402.04	24.21%	四川	4688.93	5783.56	20.27%
福建	3050.44	3204.83	23.80%	广东	6456.01	7972.39	20.24%
重庆	2524.28	2728.80	23.13%	北京	2847.12	3670.94	19.39%
江苏	6620.52	7342.06	22.54%	河北	3747.43	4910.82	19.08%
天津	1504.04	1845.70	20.37%	山东	6391.10	8933.81	17.88%
广东	5492.94	6817.37	20.14%	江苏	8257.86	12539.17	16.46%
北京	2116.94	3881.59	13.63%	河南	3438.75	5611.57	15.32%
上海	2787.67	5564.60	12.52%	西藏	37.91	74.82	12.67%
西藏	216.15	1387.35	3.90%	浙江	6108.95	12228.99	12.49%

资料来源：中国地方政府债券信息公开平台，Wind，中信证券研究部。

（三）新增债务率

新增债务率反映地方政府债务增长速度。该指标事实上就是地方债务余额的同比变化。尽管计算方法（见表9）比较平凡，却是地方政府债务监控时必不可少的参考数据。对债务增加迅猛的地区必须警惕信用风险，而对债务率本就较高的地区更应当关注区域的去杠杆进程，甚至是新增债务率较低的区域，也要结合地方融资平台债务综合考察区域信用。

表 9　地方政府新增债务率计算方法

指标名称	计算方法	数据来源
新增一般债务率	一般债务余额增长额/上年度一般债务余额	中国地方政府债券信息公开平台，各省市财政决算报表，各地方政府统计信息网
新增专项债务率	专项债务余额增长额/上年度专项债务余额	中国地方政府债券信息公开平台，各省市财政决算报表，各地方政府统计信息网

资料来源：中信证券研究部。

2019 年债务增长较快的多为西北地区省份。2019 年，新增一般债务率较高的省份为西藏、甘肃和青海，分别为 114.26%、15.74% 和 15.05%；新增专项债务率较高的省份为新疆、宁夏和甘肃，分别为 68.42%、48.05% 和 42.50%。结合 2019 年各省份债务率看，债务率最高的贵州新增一般债务率较高，但新增专项债务率增速不高。如表 10 所示。

表 10　2019 年各省份新增债务率

地区	2018年一般债务	2019年一般债务	新增一般债务率	地区	2018年专项债务	2019年专项债务	新增专项债务率
西藏	100.88	216.15	114.26%	新疆	932.70	1570.82	68.42%
甘肃	1624.68	1880.42	15.74%	宁夏	319.23	472.62	48.05%
青海	1462.84	1682.98	15.05%	甘肃	867.45	1236.15	42.50%
黑龙江	3187.61	3573.79	12.12%	青海	300.46	419.15	39.50%
贵州	5326.48	5945.73	11.63%	河南	2479.09	3438.75	38.71%
新疆	3047.5	3390.02	11.24%	河北	2714.09	3747.43	38.07%
湖南	5582.42	6197.73	11.02%	广东	4694.76	6456.01	37.52%
宁夏	1069.95	1186.01	10.85%	山西	989.15	1354.06	36.89%
湖北	3742.27	4134.80	10.49%	吉林	1064.47	1442.40	35.50%
广西	3401.75	3749.62	10.23%	安徽	3182.92	4300.46	35.11%
河南	4062.23	4471.35	10.07%	内蒙古	1134.19	1528.54	34.77%

续表

地区	2018年一般债务	2019年一般债务	新增一般债务率	地区	2018年专项债务	2019年专项债务	新增专项债务率
河北	4564.17	5006.03	9.68%	湖北	2933.42	3905.18	33.13%
吉林	2647.15	2902.43	9.64%	重庆	2334.40	3079.40	31.91%
山西	1974.52	2157.83	9.28%	天津	2678.78	3455.26	28.99%
海南	1249.3	1359.23	8.80%	北京	2214.86	2847.12	28.55%
云南	4912.78	5316.39	8.22%	湖南	3125.77	3976.77	27.23%
陕西	3428.25	3695.35	7.79%	江西	1820.66	2313.16	27.05%
四川	5465.61	5887.89	7.73%	黑龙江	928.91	1174.81	26.47%
天津	1399.58	1504.04	7.46%	山东	5064.32	6391.10	26.20%
重庆	2356.01	2524.28	7.14%	海南	692.41	871.47	25.86%
浙江	5808.74	6200.39	6.74%	福建	3173.56	3983.46	25.52%
内蒙古	5421.12	5778.88	6.60%	云南	2227.02	2783.30	24.98%
福建	2883.11	3050.44	5.80%	江苏	6632.95	8257.86	24.50%
山东	6372.5	6736.41	5.71%	广西	2091.70	2578.80	23.29%
上海	2642.87	2787.67	5.48%	上海	2392.01	2934.40	22.68%
北京	2034.03	2116.94	4.08%	浙江	4985.69	6108.95	22.53%
广东	5313.05	5492.94	3.39%	四川	3833.12	4688.93	22.33%
安徽	3521.73	3635.90	3.24%	陕西	2458.66	2890.47	17.56%
江西	2958.75	3037.84	2.67%	西藏	33.91	37.91	11.80%
辽宁	6270.28	6430.79	2.56%	贵州	3507.66	3727.65	6.27%
江苏	6652.6	6620.52	-0.48%	辽宁	2325.96	2454.30	5.52%

资料来源：中国地方政府债券信息公开平台，Wind，中信证券研究部。

（四）偿债率

偿债率反映地方政府当期财政支出中用于偿还债务本金的比重。这一指标从财政支出的角度考察政府的债务压力。债务控制较好的地方，偿债率应当较低。过高的偿债率反映了较大的政府债务规模，并侧面体现政府资金需要债务滚续取得平衡，因而债务风险较大。地方政府偿债率的计算方法如表11所示。

表 11   地方政府偿债率计算方法

指标名称	计算方法	数据来源
一般债务偿债率	一般债务还本额/（一般公共预算支出+一般债务还本支出）	中国地方政府债券信息公开平台，各省市财政决算报表，各地方政府统计信息网
专项债务偿债率	专项债务还本额/（政府性基金预算支出+专项债务还本支出）	中国地方政府债券信息公开平台，各省市财政决算报表，各地方政府统计信息网

资料来源：中信证券研究部。

我们对 2019 年苏州市地方政府偿债率进行了实证计算。实际执行中，绝大多数地方的债务还本预决算口径区别甚微，因为纳入预算管理的政府债务具有很高的信用水平，对当年政府债务还本支出的估计通常是准确的。以苏州市为例，其 2019 年一般债务偿债率和专项债务偿债率分别为 4.79%、3.99%。从偿债支出角度看，苏州市纳入预算管理的政府债务水平不高。如表 12 所示。

表 12   2019 年苏州市地方政府偿债率计算简表

指标名称	指标金额（亿元）	指标名称	指标金额（亿元）
一般债务还本额（决算数）	107.69	专项债务还本额（决算数）	72.77
一般公共预算支出（决算数）	2141.34	政府性基金预算支出（决算数）	1750.42
一般债务还本支出（预算数）	107.69	专项债务还本支出（预算数）	72.77
一般债务偿债率	4.79%	专项债务偿债率	3.99%

资料来源：苏州市统计局，中信证券研究部。

预决算口径的变化是偿债率指标设计中值得讨论的一点。其中，分子端"债务还本额"对应当年的决算口径，意味着当年实际发生的债务还本支出；分母端"债务还本支出"对应当年的预算口径，是当年年初计划的还本支出。之所以设计预决算口径的变化，因为在当年发生债务逾期的情况下，债务还本额将小于债务还本支出，从而"减轻"了当年的债务压力。当然，债务逾期通常意味着当地债务压力已经很大，对此可以通过逾期债务率进行进一步的刻画。

需要指出的是，由于各省份未披露债务逾期，在计算中我们默认预算口径下的债务还本支出等同于决算口径中的债务还本额。表 13 是 2019 年各省份偿债率情况。

表13 2019年各省份偿债率情况

省份	一般债务	一般公共预算支出	一般债务偿债率	专项债务	政府性基金预算支出	专项债务偿债率
安徽	303	4331.08	6.54%	95	4127.65	2.25%
北京	184	4407.09	4.01%	209	2960.23	6.59%
福建	135	2973.24	4.34%	182	3187.97	5.40%
甘肃	100	2170.75	4.40%	45	773.15	5.50%
广东	264	11308.93	2.28%	62	6290.68	0.98%
广西	159	3464.37	4.39%	30	1633.27	1.80%
贵州	365	3227.44	10.16%	156	1359.89	10.29%
海南	86	1014.28	7.82%	42	632.5	6.23%
河北	477	4946.55	8.79%	225	3830.085	5.55%
河南	329	6197.01	5.04%	110	4098.86	2.61%
黑龙江	207	2639.2	7.27%	26	574.93	4.33%
湖北	616	4731.71	11.52%	122	4042.75	2.93%
湖南	613	4403.49	12.22%	500	2933.6	14.56%
吉林	117	2109.53	5.25%	56	68.11	45.12%
江苏	538	7455.16	6.73%	440	9907.65	4.25%
江西	122	3796.2	3.11%	102	2577.33	3.81%
辽宁	507	3514.32	12.61%	236	1118.98	17.42%
内蒙古	345	2421	12.47%	34	921.11	3.56%
宁夏	89	692.98	11.38%	20	278.6	6.70%
青海	106	912.21	10.41%	22	334.59	6.17%
山东	468	6703.26	6.53%	359	7532.221	4.55%
山西	114	2591.74	4.21%	24	1452.54	1.63%
陕西	409	3299.64	11.03%	254	1970.91	11.42%
上海	302	3848	7.28%	233	2580	8.28%
四川	558	6159.4	8.31%	379	4374.81	7.97%
天津	147	1811.94	7.50%	126	2276.29	5.24%
西藏	8	893.82	0.89%	3	23.83	11.18%
新疆	207	2557.8	7.49%	46	1154.805	3.83%
云南	300	3730.39	7.44%	133	1829.61	6.78%
浙江	288	5109.85	5.34%	329	10388.89	3.07%
重庆	165	2748.2	5.66%	177	2419.26	6.82%

资料来源：中国地方政府债券信息公开平台，Wind。

（五）逾期债务率

逾期债务率反映地方政府债务余额中逾期债务所占比重。政府逾期债务公开信息较少，且个别披露逾期债务的规模也很小。例如，在"2019 年永泰县地方政府债务情况说明"中提到，2019 年福建省永泰县逾期债务余额 0.77 万元，与全县 31.08 亿元债务余额相比微乎其微。事实上，纳入预算管理的政府债务发生逾期概率很小，投资者关心更多的是地方政府融资平台发生的债务逾期等风险事件。表 14 是地方政府逾期债务率的计算方法。

表 14　地方政府逾期债务率计算方法

指标名称	计算方法	数据来源
一般债务逾期率	一般债务逾期余额/一般债务余额	中国地方政府债券信息公开平台，各省市财政决算报表，各地方政府统计信息网
专项债务逾期率	专项债务逾期余额/专项债务余额	中国地方政府债券信息公开平台，各省市财政决算报表，各地方政府统计信息网

资料来源：中信证券研究部。

三、地方政府风险预警指标构建

结合上文各项债务率数值，我们将以综合债务率的形式构建地方债务风险预警体系。尝试对部分债务率或综合债务率较高的地区实施预警。

（一）指标构建

综合债务率反映地方整体债务风险情况。表 15 为地方政府综合债务率计算方法。通过对债务率、新增债务率、偿债率和逾期债务率的加权打分，可以得到地方政府的综合债务率，从而更全面地反映地方政府的债务风险水平（见表 16）。

综合债务率的加权计算中，债务率无疑是最核心、占比最大的风险指标。值得注意的是，对个别风险指标过大的地区，为避免部分风险指标极值对综合债务率影响过大，可以对分项指标进行适当修正。接下来，我们给出一种可能的加权方法。

表 15　地方政府综合债务率计算方法

指标名称	指标权重	指标名称	指标权重
一般债务率	35%	专项债务率	30%
新增一般债务率	2.5%	新增专项债务率	2.5%

续表

指标名称	指标权重	指标名称	指标权重
一般债务偿债率	5%	专项债务偿债率	5%
一般债务逾期率	10%	专项债务逾期率	10%

资料来源：中信证券研究部。

在我们构建指标过程中，需要再次说明的是，由于各级政府逾期债务发生概率较低，且城投融资平台仍处于刚性兑付阶段，同时各地非标风险事件出现频次较分散。为了保证各省份数据处于可比口径，尽可能贴近逾期率这个科目的创设意义，我们采用公开披露的银行体系下区域不良贷款率作为替代。以此计算出各省份加权后的综合债务率数据。

表16 各省份加权后综合债务率情况

省份	债务率（65%）		新增债务率（5%）		偿债率（10%）		逾期债务率（20%）	综合债务率
	一般债务率	专项债务率	一般债务新增债务率	专项债务新增债务率	一般债务偿债率	专项债务偿债率	不良贷款率	
贵州	73.7%	48.9%	11.6%	38.7%	10.2%	10.3%	2.1%	43.2%
宁夏	43.3%	40.5%	10.8%	36.9%	11.4%	6.7%	3.7%	30.2%
云南	34.9%	43.7%	8.2%	27.2%	7.4%	6.8%	2.5%	27.4%
江西	55.2%	22.8%	2.7%	11.8%	3.1%	3.8%	2.8%	27.4%
辽宁	42.5%	33.0%	2.6%	6.3%	12.6%	17.4%	4.1%	27.3%
内蒙古	37.0%	29.5%	6.6%	25.0%	12.5%	3.6%	3.5%	24.1%
吉林	30.2%	30.6%	9.6%	31.9%	5.3%	45.1%	3.1%	23.9%
青海	38.8%	25.2%	15.0%	42.5%	10.4%	6.2%	2.3%	23.9%
黑龙江	28.3%	38.3%	12.1%	39.5%	7.3%	4.3%	2.3%	23.7%
河北	44.6%	19.1%	9.7%	33.1%	8.8%	5.5%	2.2%	23.6%
广西	39.4%	25.4%	10.2%	35.1%	4.4%	1.8%	1.5%	23.2%
甘肃	25.8%	31.7%	15.7%	48.0%	4.4%	5.5%	4.4%	21.5%
湖南	32.2%	21.6%	11.0%	37.0%	12.2%	14.6%	1.7%	20.6%
陕西	29.3%	26.3%	7.8%	27.1%	11.0%	11.4%	1.5%	20.4%
天津	20.4%	36.5%	7.5%	26.2%	7.5%	5.2%	3.1%	20.2%
湖北	32.6%	21.9%	10.5%	35.5%	11.5%	2.9%	1.5%	20.2%
海南	26.9%	29.1%	8.8%	28.5%	7.8%	6.2%	1.6%	20.1%
新疆	25.1%	28.7%	11.2%	38.1%	7.5%	3.8%	1.4%	19.5%
山东	34.3%	17.9%	5.7%	23.3%	6.5%	4.5%	4.0%	19.4%
山西	25.6%	28.5%	9.3%	29.0%	4.2%	1.6%	2.3%	19.2%

省份	债务率（65%）		新增债务率（5%）		偿债率（10%）		逾期债务率（20%）	综合债务率
	一般债务率	专项债务率	一般债务新增债务率	专项债务新增债务率	一般债务偿债率	专项债务偿债率	不良贷款率	
四川	27.7%	20.3%	7.7%	26.5%	8.3%	8.0%	2.2%	17.9%
福建	23.8%	26.0%	5.8%	24.5%	4.3%	5.4%	1.6%	17.7%
安徽	24.6%	22.3%	3.2%	17.6%	6.5%	2.2%	1.9%	16.6%
重庆	23.1%	20.5%	7.1%	25.9%	5.7%	6.8%	1.1%	15.9%
河南	24.9%	15.3%	10.1%	34.8%	5.0%	2.6%	2.9%	15.4%
广东	20.1%	20.2%	3.4%	22.3%	2.3%	1.0%	1.3%	14.2%
江苏	22.5%	16.5%	−0.5%	5.5%	6.7%	4.3%	1.3%	13.8%
浙江	24.2%	12.5%	6.7%	25.5%	5.3%	3.1%	1.2%	13.7%
上海	12.5%	21.4%	5.5%	22.7%	7.3%	8.3%	0.6%	12.4%
北京	13.6%	19.4%	4.1%	22.5%	4.0%	6.6%	0.4%	11.9%
西藏	3.9%	12.7%	114.3%	68.4%	0.9%	11.2%	0.4%	10.4%

资料来源：中国地方政府债券信息公开平台，Wind。

可以发现，相比较传统口径而言，经过债务属性划分和加权计算后的各省份债务率绝对规模显著降低。在前文中我们曾提及，传统债务率测算方法存在分子与分母口径不对称的问题，导致最终结果动辄是高达200%、300%，甚至400%的债务率水平，很明显夸大了各级政府每年应尽的偿债义务。

值得一提的是，综合债务率的构建，初衷并非是替代传统的计算方法，另外相对更低的债务水平也并非代表风险降低。只是在中国各省份政府可比口径下，我们尝试将经年的存量债务、具体债务属性与相对应的财政收入进行区分，为风险防控提供更细致的参考。

（二）指标实际应用与检验

接下来，我们来检验指标的实际应用效果。通过引入区域信用利差概念，以量化各省份的风险，再与综合债务率进行匹配，以验证指标体系能否有效对风险进行预警。

金融语境下信用利差是向投资者补偿基础资产违约风险且高于无风险利率的利差收益。其高低也可以代表风险溢价情况。我们采用城投债券与同期限无风险利率的差值来计算信用利差。

$$信用利差 = \sum_{i=1}^{n} 可比口径下城投风险标准度量_i / n$$

$$区域利差 = \sum_{i=1}^{n} 同一区域内城投信用利差汇总_i / n$$

而区域利差的概要表述则是不同区域的综合信用风险程度。区域利差数值较大的省份,往往代表其风险溢价水平也相对更高。

接下来,我们分别获取指标体系建立时点以及完整一年后,各省份的区域利差情况(见表17),通过观察区间内不同省份利差增幅规模,以回测视角检验当综合负债率指标体系建立初期,对未来各省份区域风险的远期预警能力。

表17 各省份综合债务率和区域利差情况对比

省份	综合负债率	最小值	最大值	中位数	指标建立时点(N)	N+完整一年	区域利差增幅
贵州	43.17%	314.15	452.42	360.27	324.03	443.76	36.95%
宁夏	30.15%	56.40	139.44	90.22	76.92	122.37	59.09%
云南	27.44%	157.19	272.42	215.06	217.59	257.71	18.44%
江西	27.41%	64.00	175.81	115.01	101.67	156.01	53.45%
辽宁	27.30%	99.48	397.78	186.02	126.43	224.08	77.24%
内蒙古	24.08%	87.98	271.17	190.63	93.85	185.64	102.09%
吉林	23.92%	76.17	230.13	121.27	106.83	193.61	81.23%
青海	23.87%	82.15	227.55	133.49	130.05	217.31	67.10%
黑龙江	23.72%	109.13	372.54	209.09	167.07	301.98	80.75%
河北	23.55%	74.61	173.48	119.70	95.51	183.47	92.10%
广西	23.18%	138.11	274.36	169.04	154.95	274.36	77.06%
甘肃	21.50%	59.98	137.11	90.37	69.68	134.12	92.48%
湖南	20.64%	144.70	268.49	214.76	212.36	218.40	2.84%
陕西	20.44%	85.59	180.04	143.87	134.28	146.74	9.28%
天津	20.18%	72.12	237.19	100.51	168.22	255.62	51.96%
湖北	20.17%	71.14	154.19	110.21	85.68	117.48	37.11%
新疆	19.49%	81.46	178.44	140.23	116.85	157.48	34.77%
山东	19.44%	88.02	165.21	130.93	118.60	122.47	3.26%
山西	19.24%	93.45	282.38	169.90	170.08	201.76	18.63%
四川	17.90%	53.27	162.85	96.27	79.04	99.31	25.65%
福建	17.69%	52.09	120.57	79.16	62.11	84.01	35.26%
安徽	16.65%	66.45	156.23	109.45	84.22	128.80	52.93%
重庆	15.90%	88.97	195.66	156.27	137.00	186.52	36.15%
河南	15.39%	54.59	131.55	88.96	71.70	147.92	102.16%
广东	14.19%	48.95	103.11	70.83	62.77	83.78	33.47%

省份	综合负债率	最小值	最大值	中位数	指标建立时点（N）	N+完整一年	区域利差增幅
江苏	13.76%	71.48	173.65	128.18	103.29	135.06	30.76%
浙江	13.69%	63.44	134.13	92.84	73.14	91.09	24.54%
上海	12.41%	31.02	89.67	54.03	51.22	48.10	−6.09%
北京	11.86%	40.23	89.24	62.61	57.53	53.76	−6.55%

资料来源：中国地方政府债券信息公开平台，Wind。

我们将区域利差增幅划分九档。其中增幅为<0 的省份有北京与上海，体现（指标建立时点 T 与指标建立时点递延完整一年 T+365days）期间区域风险在降低，而利差增幅接近 60%及以上的省份有宁夏、青海、广西、辽宁、黑龙江、吉林、河北、甘肃、河南与内蒙古（见表18）。

表18 区域利差变动幅度及对应省份

档位	数量	省份
<0	2	北京、上海
0≤区域利差增幅<10%	3	湖南、山东、陕西
10%≤区域利差增幅<20%	2	云南、山西
20%≤区域利差增幅<30%	2	浙江、四川
30%≤区域利差增幅<40%	7	江苏、广东、新疆、福建、重庆、贵州、湖北
40%≤区域利差增幅<60%	4	江西、天津、安徽、宁夏
60%≤区域利差增幅<80%	3	青海、广西、辽宁
80%≤区域利差增幅<100%	4	黑龙江、吉林、河北、甘肃、
100%≤区域利差增幅	2	河南、内蒙古

资料来源：Wind。

在上述区域利差增幅偏大的省份中，恰恰也对应指标体系中综合负债率超过 20%的地区（见表19）。

表19 综合负债率排名靠前省份对比

时间	综合负债率	区域利差增幅
贵州	43.17%	36.95%
宁夏	30.15%	59.09%
云南	27.44%	18.44%
江西	27.41%	17.57%
辽宁	27.30%	77.24%

续表

时间	综合负债率	区域利差增幅
内蒙古	24.08%	102.09%
吉林	23.92%	81.23%
青海	23.87%	67.10%
黑龙江	23.72%	80.75%
河北	23.55%	92.10%
广西	23.18%	77.06%
甘肃	21.50%	92.48%

资料来源：Wind。

诚然，我们在指标验证的过程中也发现了一些问题。虽然综合负债率指标可以较好地对部分区域进行预警，但难免有所疏漏。诸如负债率排名靠前的贵州和云南，其区域利差增幅均低于40%，也有区域利差增幅靠前的如河南，但其综合债率水平排在下游。我们认为，造成这类情况可能主要源于两个方面。

一个是基数效应，以综合负债率最高的贵州为例，其综合债率数值最高，但利差增幅并不突出。其根源在于贵州区域整体利差长期持续在高位，在模型建立时点即达到324.03bps，利差曲线自构建以来中位数便高达360.27bps，过大的基数水平也导致区域利差增幅并不明显。云南的情况与贵州相类似。

另一个是特殊事件对区域利差的扰动。诸如河南，其综合负债率仅为15.39%，在全国各省份中排名靠后，但其风险增幅超过102%。究其原因，主要由于2020年10月下旬，国企风险事件集中爆发，而河南个别主体超预期违约引起市场较大波动，也对区域利差产生冲击。导致年前的综合负债率指标体系难以对这类特殊事件进行预警，这也恰恰是现阶段静态债务率指标的短板。

长期以来，无论是学术层面还是资本市场，均在不断挖掘和完善对地方债务的测算方法和预警体系。我们认为相对于企业类风险预警，地方政府债务预警难度更大。除了相关债务口径繁多、涉及科目冗杂等客观因素之外，还存在信息披露滞后与统计口径更迭等问题。当前我们构建的综合债务率指标体系虽然一定程度上可以弥补过去各类债务分割不清的状况，但对防控动态风险仍力有未逮。相信随着经济发展和各项机制改革，我国地方政府债务梳理及财税体系也将逐步清晰，政府信息公开的基础设施门户也会日渐成熟，所对应的我国地方政府风险评估和预警指标也会随之完善。

市场实践

上市公司董监高行使异议权的
现状与监管实践

陈　剑　蒋迅锋　吕　哲*

摘　要：定期报告是上市公司持续信息披露的主要形式，是投资者全面了解上市公司生产经营、财务状况的重要信息来源。保证定期报告真实、准确、完整是上市公司董事、监事、高级管理人员的法定责任。出于督促董监高勤勉尽责、各司其职，向投资者充分揭示上市公司风险事项的考虑，新证券法也赋予了董监高对定期报告提出异议的权利。本文结合上市公司深圳市兆新能源股份有限公司（以下简称 *ST兆新）全体董监高均无法保证2019年年报真实、准确、完整的监管案例，对上市公司董监高行使异议权实践中存在的主要问题与争议进行了梳理分析，并就新证券法实施背景下上市公司董监高行使审议定期报告时的异议权提出政策建议。

关键词：信息披露　定期报告　董监高　异议权

保证定期报告真实、准确、完整是上市公司董事、监事、高级管理人员（以下简称董监高）的法定责任。同时，出于督促董监高勤勉尽责、各司其职，向投资者充分揭示上市公司风险事项的考虑，新证券法也赋予了董监高对定期报告提出异议的权利。据初步统计，截至2020年4月30日，全国上市公司中已有 *ST龙力、豫金刚石等15家上市公司存在董监高无法保证公司2019年年度报告真实、准确、完整的情况。本文结合 *ST兆新全体董监高均无法保证

---

* 陈剑，深圳证监局党委委员、副局长；蒋迅锋，深圳证监局公司监管二处副处长；吕哲，深圳证监局公司监管二处二级主任科员。

2019 年年报真实、准确、完整的监管案例，对上市公司董监高行使异议权实践中存在的主要问题与争议进行了梳理分析，对新证券法实施情形下，上市公司董监高如何行使异议权进行了认真研究，并就完善相关监管规则、改进监管机制提出政策建议。

一、上市公司董监高对定期报告的保证责任及异议权的立法沿革

（一）关于董监高对定期报告的保证责任

我国自资本市场发展肇始，就规定了上市公司董监高对信息披露文件的保证责任，相关规定最早见于 1993 年颁布实施的《股票发行与交易管理暂行条例》（以下简称《暂行条例》）①。但《暂行条例》中保证责任主体仅限于上市公司董事，不包括监事和高级管理人员，且保证范围也仅限于招股说明书。

2003 年证监会修订的《公开发行证券的公司信息披露内容与格式准则第 2 号——年度报告的内容与格式》（以下简称《年报内容与格式准则》）特别强调了上市公司负责人、主管会计工作负责人及会计机构负责人应当声明保证年度报告中财务报告的真实、准确、完整。

2005 年修订的《证券法》第六十八条②首次从法律层面规定了上市公司董监高对信息披露文件的保证责任，保证责任的主体由上市公司董事拓展到监事、高级管理人员，保证范围也由招股说明书拓宽到包括定期报告在内的所有披露信息。2007 年证监会制定的《上市公司信息披露管理办法》第三条③再次明确了上市公司董监高的保证责任。

（二）关于董监高对定期报告的异议权

关于董事异议权的规定，最早见于 1993 年《公司法》第一百一十八条④，明确了公司董事对董事会决议的异议权。2001 年证监会修订的《年报内容与格

---

① 《暂行条例》第十七条明确规定：全体发起人或者董事以及主承销商应当在招股说明书上签字，保证招股说明书没有虚假、严重误导性陈述或者重大遗漏，并保证对其承担连带责任。

② 2005 年修订的《证券法》第六十八条规定：上市公司董事、监事、高级管理人员应当保证上市公司所披露的信息真实、准确、完整。

③ 《上市公司信息披露管理办法》第三条规定：发行人、上市公司的董事、监事、高级管理人员应当忠实、勤勉地履行职责，保证披露信息的真实、准确、完整、及时、公平。

④ 《公司法》第一百一十八条规定：董事应当对董事会的决议承担责任。董事会的决议违反法律、行政法规或者公司章程，致使公司遭受严重损失的，参与决议的董事对公司负赔偿责任。但经证明在表决时曾表明异议并记载于会议记录的，该董事可以免除责任。

式准则》① 规定了董事对上市公司定期报告的异议权，2005 年证监会对《年报内容与格式准则》进行修订时，将行使异议权的主体范围由董事拓展到监事和高级管理人员。2007 年证监会颁布的《上市公司信息披露管理办法》② 首次从部门规章层面明确了董监高对定期报告的异议权。2019 年修订的《证券法》第八十二条第四款吸纳了上述规定，将上市公司董监高的异议权提升到法律层面予以规范，并将异议权的范围从定期报告扩展至证券发行文件，将异议权的行使方式限定在书面形式。

二、上市公司董监高行使异议权实践中存在的主要问题与争议

（一）异议权的行使限制问题

新《证券法》第八十二条第四款赋予了上市公司董监高对证券发行文件和定期报告的异议权，但未结合董监高在上市公司定期报告编制、审议及信息披露中的作用和职责，对异议权的行使予以适当限制。实践中，出现部分上市公司直接负责定期报告编制工作的上市公司负责人及高级管理人员无法保证定期报告真实、准确、完整的"自我否定"情形③。

从域外国家相关规定来看，一般赋予了公司负责人及财务负责人对财务报告更重的法定保证责任④，如美国 2002 年颁布的《萨班斯·奥克斯利法》要求公司首席执行官或首席财务主管或担任类似职务的人员确认或证实向 SEC 备案的财务报告中不存在重大错报与漏报。我国《上市公司信息披露管理办法》第

---

① 《年报内容与格式准则》第十五条规定："如个别董事对年度报告内容的真实性、准确性、完整性无法保证或存在异议的，应当单独陈述理由和发表意见。未参会董事应当单独列示其姓名。"

② 《上市公司信息披露管理办法》第二十四条规定："董事、监事、高级管理人员对定期报告内容的真实性、准确性、完整性无法保证或者存在异议的，应当陈述理由和发表意见，并予以披露。"

③ 如退市博元（600656）董事长、总经理、财务总监无法保证公司 2014 年年报的真实、准确、完整；康得新（002450）公司负责人（董事长）、财务总监无法保证公司 2019 年半年报中财务报告的真实、准确、完整；*ST 赫美（002356）总经理、财务总监表示无法保证公司 2018 年年报的真实、准确、完整；*ST 兆新（002256）公司负责人（代董事长）、财务总监均表示无法保证 2019 年年报真实、准确、完整。

④ 美国 2002 年颁布的《萨班斯·奥克斯利法》第 302 条要求公司首席执行官和或首席财务主管或担任类似职务的人员确认或证实向 SEC 备案的财务报告中不存在重大错报与漏报。若其确认书事后被证明为不实，首席执行官和或首席财务主管将承担刑事责任，处以最高 100 万美元罚款、十年监禁或并罚。对于明知有假而蓄意签署确认书者，刑期和罚金可高达 20 年、500 万美元。

五十八条①及《年报内容与格式准则》第十六条第二款②也对上市公司负责人、主管会计的工作负责人及会计机构负责人在保证财务报告真实、准确、完整方面提出了更高的要求。

财务报告是定期报告的重要组成部分，上市公司负责人及相关财务负责人负有组织编制上市公司财务报告的具体职责，提交董事会审议的定期报告草案中的财务报告部分应为上市公司负责人及财务负责人认为无异议的草案，如不能保证其自己编制草案的真实、准确、完整，则该草案就不应提交董事会审议并披露。因此，上市公司负责人、主管会计的工作负责人及会计机构负责人本身，不得对定期报告中的财务报告部分行使异议权，是上市公司信息披露法律规制逻辑自洽的必然要求。

（二）异议权的行使规则问题

审议定期报告是上市公司董事会的法定职责，监事会负责对董事会编制的定期报告进行审核并提出书面审核意见。证券法等法律法规未明确董事、监事在无法保证定期报告真实性或者有异议时如何行使表决权。实践中，各上市公司董事、监事做法也不尽一致，有投反对票的③，有投弃权票的④，也有投赞成票的⑤。

董事、监事对信息披露的真实、准确、完整有"过程管控"和"结果把关"的职责。对定期报告真实性存有异议的董监高，应采取必要措施纠正其中的不实之处，或在审议时阻止相关不真实准确完整信息的披露，否则可能构成"渎职"。董事、监事对定期报告投下赞成票后又发表"无法保证"声明，实际上是将对定期报告的法定保证责任私自转嫁成投资者的市场判断责任，在此情况下的"无法保证"声明非但不能表明其在行使异议权，反而显示出其逃避法律责任的非法目的，实为掩耳盗铃式的"虚假表示"。尤其是全体董事、监

---

① 《上市公司信息披露管理办法》第五十八条规定：上市公司董事长、经理、财务负责人应对公司财务报告的真实性、真实性、准确性、完整性、及时性、公平性承担主要责任。

② 《年报内容与格式准则》第十六条第二款规定：公司负责人、主管会计工作负责人及会计机构负责人（会计主管人员）应当声明并保证年度报告中财务报告的真实、准确、完整。

③ 如＊ST龙力（002604）、津膜科技（300334）等公司部分董事、监事对2019年年度报告投反对票，并表示无法保证年报的"真实、准确、完整"。

④ 如国旅联合（600358）、天翔环境（300362）、獐子岛（002069）等公司部分董事、监事对2019年度报告投弃权票，并表示无法保证年报的"真实、准确、完整"。

⑤ 如豫金刚石（300064）、＊ST兆新（002256）等公司董事、监事对2019年年度报告投赞成票，并表示无法保证年报的"真实、准确、完整"。

事在"无法保证"定期报告真实性的情况下仍投票通过定期报告的情形，应从"探求真意"的角度出发，认定通过定期报告并非董事会或监事会真实意思表示，督促上市公司重新审议定期报告。

此外，在现代公司治理框架体系中，董事、监事对全体股东负有信义义务，其表决权更多体现为履行法定职责而非普通意义上的权利，不可随意放弃。上市公司董事、监事对定期报告"无法保证"时投弃权票，表明其对定期报告可能给公司及投资者带来的危害持一种放任态度，在这种情形下，弃权票和赞成票在董事会审议定期报告时并无本质区别。

综上，在董事、监事对定期报告的真实、准确、完整存有异议的情况下，其在审议定期报告时可以表明异议，但是投赞成票或弃权票均不得同时发表"无法保证"的声明。

（三）行使异议权的免责效果问题

证券法及《上市公司信息披露管理办法》对行使异议权的免责效果并无明确规定。实践中，市场主体更倾向于认为其对定期报告发表异议后无须再承担相应的法律责任，因此，大部分董监高在发表"无法保证"声明的同时都会公开表示对定期报告不承担个别或连带责任①，以期达到免责效果。

根据证监会制定的《信息披露违法行为行政责任认定规则》及最高人民法院发布的《关于审理证券行政处罚案件证据若干问题的座谈会纪要》的规定②，上市公司董监高对定期报告免责的标准是其已尽忠实、勤勉义务，而非其对定期报告提出异议。对定期报告提出异议，仅是董监高勤勉尽责的表现形式之一，判断董监高对定期报告发表异议的情况下是否勤勉尽责，还应结合其对异议事项是否充分关注并核查、是否收集充分而必要的信息等情况加以综合考量，董监高单纯的异议行为不能等同于已尽忠实、勤勉义务。

---

① 如＊ST中南、＊ST康得、＊ST兆新等公司董监高在声明无法保证公司定期报告真实、准确、完整的同时，公开声明不承担个别和连带的法律责任。

② 证监会制定的《信息披露违法行为行政责任认定规则》第十五条规定：发生信息披露违法行为的，对负有保证信息披露真实、准确、完整的董监高，应视情形认定其为直接负责的主管人员或者其他直接责任人员承担行政责任，但能够证明其已尽忠实、勤勉义务，没有过错的除外。此外，按照最高人民法院发布的《关于审理证券行政处罚案件证据若干问题的座谈会纪要》，证监会在处罚虚假陈述的相关责任人时，可以区分负有保证责任的董监高和其他人员，对于董监高的处罚，证监会只需"结合上市公司董事、监事、高级管理人员与信息披露违法行为之间履行职责的关联程度"，就可以进行处罚，被处罚对象不服的，则需要提供"其对该信息披露行为已尽忠实、勤勉义务等证据"。

三、相关政策建议

结合对＊ST兆新监管案例的监管实践和现有相关法律法规规定，提出以下政策参考建议。

(一) 规范异议权的行使限制

当前证券法等法律法规对行使异议权的主体限制尚不明确，市场中也多次出现上市公司董事长、总经理、财务总监不保证定期报告真实、准确、完整的情形，引发市场质疑。建议利用修订《上市公司信息披露管理办法》契机，吸收采纳《年报内容与格式准则》等相关规定，明确要求公司负责人、主管会计工作负责人及会计机构负责人应当保证上市公司披露财务报告的真实性，不得对定期报告中的财务报告发表异议。

(二) 完善异议权行使规则及定期报告审议制度规范

目前，市场主体对如何正确行使异议权尤其是对存有异议的定期报告如何行使表决权"无所适从"，部分上市公司董事、监事的表决行为与异议行为脱节，甚至"自相矛盾"。建议进一步建立健全上市公司董事、监事履职制度规范，参照《股东大会议事规则》的形式制定《董事会议事规则》和《监事会议事规则》，并研究制定《上市公司董事、监事及高级管理人员履职工作指引》，对上市公司董事会、监事会的会议召开程序、议案审议工作、董事会、监事会决议的认定、处理以及董监高发表审议意见的规范性等方面作出明确规定。

(三) 督促上市公司完善内部治理落实主体责任

公司治理机制的有效运作是提高上市公司信息披露质量的基础。法律制度天然具有滞后性，也具有相对的稳定性，现行法律法规多为原则性、概括性的规定，无法对资本市场快速发展中出现的所有情况都规定得面面俱到。在日常监管中，建议重点督促上市公司不断完善内部组织机构工作细则及董监高履职工作指引。同时，加强对上市公司实际控制人、董监高等"关键少数"的培训，强化守法合规意识。此外，还可以借助上市公司协会等各方力量，进行政策宣导，传递监管压力，为上市公司提升治理水平提供专业指导和服务。

精选层申报公司审查问询事项实证分析研究

王 帅 孙永文 赵 会[*]

摘 要： 精选层的设立对于促进我国多层次资本市场建设，更好支持与服务中小企业和民营企业发展具有重要的现实意义。因其广泛的行业包容性及更为灵活的发行交易方式，吸引了大量创新层企业的积极申报。本文根据全国中小企业股份转让系统有限责任公司（以下简称全国股转公司）披露的审查问询函，对首次问询事项进行统计分析，并从加强全国股转公司与中国证监会各派出机构（以下简称各证监局）在精选层申报验收审查过程中的合作、提升各证监局精选层辅导验收针对性以及提高挂牌公司规范运作水平等角度提出相关工作意见和建议。

关键词： 精选层 审查 问询 监管

一、精选层申报基本情况

截至 2021 年 1 月 31 日，全国股转公司共受理 121 家挂牌公司精选层挂牌申请。其中，按精选层条件一申报的公司 112 家，占比 92.56%；按条件二申报的公司 3 家，占比 2.48%；按条件三申报的公司 4 家，占比 3.31%；按条件四申报的公司 2 家，占比 1.65%。

根据挂牌公司 2019 年年报披露数据，121 家已受理挂牌公司 2019 年营业

---

* 王帅，山东证监局会计处一级主任科员；孙永文，山东证监局会计处处长；赵会，山东证监局会计处副处长。

收入总计 1931. 63 亿元，营业收入平均数为 15. 96 亿元，中位数为 3. 13 亿元。由于上海钢银电子商务股份有限公司（以下简称钢银电商）2019 年营业收入为 1221. 33 亿元，远高于其他挂牌公司，导致 2019 年营业收入平均值偏高。若剔除钢银电商影响，已受理挂牌公司 2019 年营业收入总计 710. 3 亿元，营业收入平均值为 5. 92 亿元，中位数为 3. 12 亿元。已受理挂牌公司 2019 年净利润总计 70. 51 亿元，平均数为 0. 58 亿元，中位数为 0. 45 亿元。具体情况如表 1 所示。

表 1   已受理公司 2019 年营业收入（剔除钢银电商）和净利润情况   单位：亿元

项目	总数	平均值	中位数
营业收入	710. 3	5. 92	3. 12
净利润	70. 51	0. 58	0. 45

根据证监会门类行业统计，121 家已受理挂牌公司主要涉及制造业、软件和信息技术服务业、建筑业、科学研究和技术服务业等几个行业。其中，制造业占比最高，共计 72 家，占公司总数的 59. 5%。具体行业家数如图 1 所示。

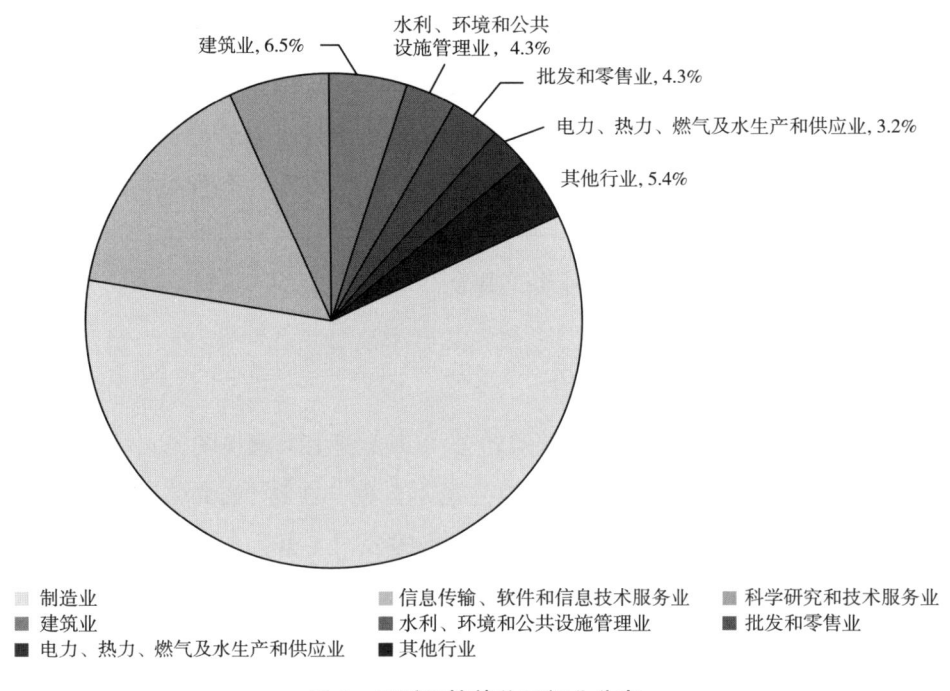

图 1   已受理挂牌公司行业分布

截至 2021 年 1 月底，全国股转公司共对 107 家挂牌公司下发了审查问询函。从受理到下发一轮审查问询函，平均时间间隔为 29 天（自然日，包含中止时间，下同），中位数为 23 天。

截至 2021 年 1 月底，证监会共核准 51 家挂牌公司向不特定合格投资者公开发行股票申请。从受理到核准，平均时间为 71 天（包含中止时间），中位数为 50 天。51 家通过核准的挂牌公司，2019 年营业收入总计 342.58 亿元，平均数为 6.72 亿元，中位数为 3.14 亿元。2019 年净利润总计 36.37 亿元，平均数为 0.71 亿元，中位数为 0.47 亿元。具体情况如表 2 所示。

表 2　已核准挂牌公司 2019 年营业收入和净利润情况　单位：亿元

项目	总数	平均值	中位数
营业收入	342.58	6.72	3.14
净利润	36.37	0.71	0.47

二、问询事项基本情况

截至 2021 年 1 月底，全国股转公司共对 107 家申报公司下发了审查问询函。经统计，107 家申报公司首轮问询共提出 3796 个问题（问询函中的"其他问题"均展开计算），平均每家 35 个，中位数为 35 个。

精选层开板之前（2020 年 7 月 27 日），全国股转公司使用的问询模板包括规范性问题、信息披露问题、财务会计资料问题和其他问题 4 个部分，共计对 49 家申报公司进行问询，提出问题 1993 个，平均每家 41 个，中位数为 40 个。各部分问询问题数量及占比如表 3 所示。

表 3　精选层开板之前问询模板各部分问题数量及占比情况

问询项目	问题数量（个）	占问题总数比例
规范性问题	280	14.05%
信息披露问题	909	45.61%
财务会计资料问题	733	36.78%
其他问题	71	3.56%
总计	1993	100%

精选层开板之后，全国股转公司变更了问询模板，包括基本情况、业务与技术、公司治理与独立性、财务会计信息与管理层分析、募集资金运用及其他

事项5个部分，对应公开发行说明书的7个部分，共计对58家申报公司进行问询，提出问题1803个，平均每家31个，中位数为31个。各部分问询问题数量及占比如表4所示。

表4　精选层开板之后问询模板各部分问题数量及占比情况

问询项目	问题数量（个）	占问题总数比例
基本情况	132	7.32%
业务与技术	530	29.4%
公司治理与独立性	115	6.38%
财务会计信息与管理层分析	612	33.94%
募集资金运用及其他事项	414	22.96%
总计	1803	100%

从模板变换情况来看，全国股转公司对申报公司的问询更加系统化和规范化；从问题数量来看，新模板问询问题平均数量大幅减少，逐渐取消对过于细节性问题的问询，对申报公司的包容度有所提高。问询问题数量变化情况如图2所示。

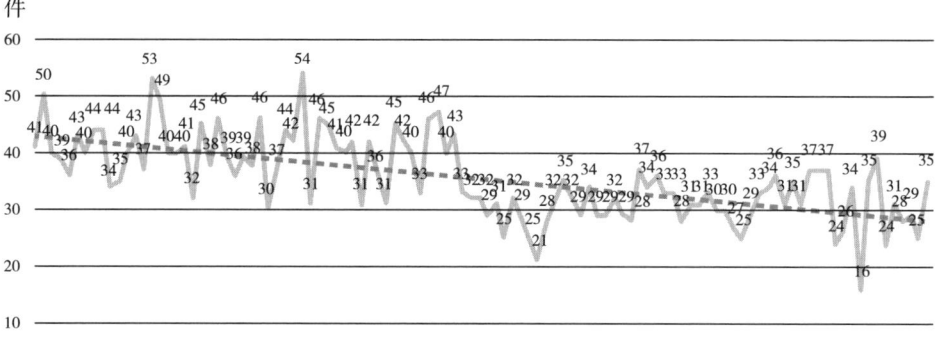

图2　问询问题数量变化情况

三、具体问询事项分析

全国股转公司两种问询模板差异较大，难以统一进行问题分析，且精选层开板之后不再使用第一种问询模板，故本文未对第一种问询模板所提问题进行分析。下面以第二种问询模板为基础，对 58 家申报公司 1803 个问询问题进行综合分析，查找不同公司之间存在的共性问题，为后续挂牌公司的日常监管及辅导验收工作提供借鉴，进一步提高监管的专业性和针对性。

（一）基本情况方面

该部分共问询问题 132 个，占问题总数的 7.32%，问题相对较少。

1. 子公司及分公司相关问题

浦漕科技、长虹能源等 26 家公司问询函中涉及子公司及分公司问题，公司数量占样本公司总数的 44.83%（样本公司数量共 58 家，下同）。问题主要包括以下几个方面：一是未充分披露子公司及分公司的设立、转让、注销信息；二是未充分披露子公司、分公司合规经营情况；三是未说明未开展业务的子公司、分公司设立的背景及原因，也未说明是否存在下一步的规划及安排；四是未对收购、转让子公司的具体原因及价格的公允性进行说明；五是未对多家子公司净资产或净利润为负的原因及合理性进行说明。

2. 实际控制人、控股股东及一致行动人认定问题

易景环境、朱老六等 25 家公司问询函中涉及实际控制人或控股股东认定问题，占比 43.1%。问题主要包括以下几个方面：一是未说明未将夫妻、兄弟姐妹等近亲属列为一致行动人的原因；二是未对实际控制人或一致行动人认定的依据及准确性进行分析说明；三是未说明持股比例较低的实际控制人能否实际控制公司以及是否与公司其他股东存在一致行动关系。

3. 员工持股平台问题

浩淼科技、三元基因等 12 家公司问询函中涉及员工持股平台问题，占比 20.69%。问题主要包括以下几个方面：一是未充分披露员工持股平台设立的背景、出资情况、管理方式、禁售期约定及是否存在纠纷；二是未明确员工持股平台设立的合规性；三是未对员工持股平台合伙人的任职情况、承担的具体工作、是否存在对外兼职等情形进行充分说明；四是未对员工持股平台中外部投资者的合规性进行说明。

4. 独立董事任职资格问题

安徽凤凰、秉扬科技等 8 家公司问询函中涉及独立董事任职资格问题，占比 13.79%。问题主要是未说明在高校任职的独立董事，是否符合公司法、《中共中央关于进一步加强直属高校党员领导干部兼职管理的通知》、中组部《关

于进一步规范党政领导干部在企业兼职（任职）问题的意见》和中共教育部党组《关于进一步加强直属高校党员领导干部兼职管理的通知》、教育部办公厅《关于开展党政领导干部在企业兼职情况专项检查的通知》等相关法律法规和规范性文件的任职资格规定。

（二）业务与技术方面

本部分共问询问题 530 个，占问题总数的 29.4%，问题占比较高。

1. 采购或销售业务稳定性问题

汇通控股、广道高新等 24 家公司问询函中涉及采购或销售稳定性问题，占比 41.38%。问题主要包括以下几个方面：一是未对与主要客户合作的稳定性进行说明，包括合作模式、是否签署了战略合作协议等；二是未对境外销售业务的稳定性及可持续性进行分析说明，包括境外订单获取的主要方式、贸易摩擦及疫情对出口贸易的影响等；三是未对境外原材料采购的稳定性进行说明，包括供应商的基本情况、主要采购模式、贸易摩擦及疫情对原材料采购的影响等。

2. 生产资质合规性及完备性问题

五新隧装、易景环境等 22 家公司问询函中涉及生产资质合规性及完备性问题，占比 37.93%。问题主要包括以下几个方面：一是未明确发行人生产经营所需资质是否合规、完备，是否存在续期风险；二是未说明如果不能续期是否会对发行人生产经营产生重大影响；三是未说明发行人涉密业务开展的合规性及相关资质的剥离情况。

3. 核心技术与专利相关问题

秉扬科技、羌山农牧等 21 家公司问询函中涉及核心技术与专利相关问题，占比 36.21%。问题主要包括以下几个方面：一是未充分披露核心技术或专利的来源；二是未对核心技术或专利是否存在权属问题以及核心技术或专利到期以后对发行人持续经营的影响进行说明；三是未对核心技术或者专利在行业内的先进性和优势等进行分析。

4. 土地房屋产权问题

安徽凤凰、天济草堂等 14 家公司问询函中涉及土地房屋产权问题，占比 24.14%。问题主要包括以下几个方面：一是未说明未取得产权证的土地房屋等是否为合法建筑、是否存在消防、环保等风险及产权纠纷等；二是未说明未取得产权证的土地房产及租赁的土地房产如果不能继续使用对发行人正常经营的影响情况；三是未说明房屋租赁未办理登记备案程序是否存在法律风险；四是未说明土地房屋被抵押是否存在权属纠纷。

5. 可比公司选取的合理性问题

迈达科技、奥迪威等 12 家公司问询函中涉及可比公司选取的合理性问题，占比 20.69%。问题主要是发行人选取的可比公司在主营业务、市场定位等方面与发行人存在较大差异，缺乏可比性。

（三）公司治理与独立性方面

该部分共提出问题 115 个，占问题总数的 6.38%，问题占比最低，多家公司问询函中未涉及该部分问题。

1. 关联方及关联交易问题

风景园林、浩森科技等 25 家公司问询函中涉及关联方及关联交易问题，占比 43.1%。问题主要包括以下几个方面：一是未对关联方认定的合理性和完整性进行说明；二是未对关联交易的合理性进行分析；三是未对关联交易发生的背景、必要性进行说明；四是未对频繁发生关联交易的合理性进行说明。

2. 环保问题

丰光精密、朱老六等 17 家公司问询函中涉及环保问题，占比 29.31%。问题主要包括以下几个方面：一是未披露发行人生产经营是否符合国家和地方环保要求；二是未明确现有污染物处理措施是否能够覆盖公司产生的全部污染物；三是未披露为发行人处理生产废物的第三方机构是否有合法资质；四是未对发行人环保投资和相关费用成本支出情况以及环保设施实际运行情况进行说明；五是未披露发行人是否办理了排污许可登记或者排污许可证；六是未充分披露发行人被环保部门处罚以后就环保事项的整改情况。

3. 同业竞争问题

艾芬达、瑞星时光等 9 家公司问询函中涉及同业竞争问题，占比 15.52%。问题主要包括以下几个方面：一是未对控股股东或实际控制人控制的其他企业是否与发行人存在同业竞争情况进行充分说明；二是未充分披露控股股东或实际控制人控制的未从事业务或者已经注销的公司与发行人历史上是否存在同业竞争情况；三是未对控股股东或实际控制人控制的未从事业务的公司未来计划业务开展情况及经营计划进行说明。

（四）财务会计信息与管理层分析方面

该部分共提出问题 612 个，占问题总数的 33.94%，问题占比最高。

1. 毛利率问题

本贸科技、闻道网络等 38 家公司问询函中涉及毛利率问题，占比 65.52%。问题主要包括以下几个方面：一是未对发行人毛利率变动与行业发展趋势不一致的原因进行说明；二是未对毛利率高于同行业可比公司平均值的原因及合理性进行分析；三是未对发行人报告期内毛利率持续增长的合理性进行分析；四是未对发行人不同项目之间毛利率差异较大的原因进行说明；五是未说明毛利率持续下降是否对经营业绩稳定性存在影响。

2. 收入问题

盖世食品、浩淼科技等 25 家公司问询函中涉及收入问题，占比 43.1%。问题主要包括以下几个方面：一是未对发行人收入政策的合理性进行分析；二是未对实行新收入准则以后发行人收入确认政策是否发生变化进行说明；三是未对发行人收入政策与同行业可比公司收入政策的异同进行分析；四是未充分披露发行人各类业务实行的收入确认政策；五是未对发行人收入跨期、调节收入等问题进行说明。

3. 存货问题

丰光精密、盖世食品等 25 家公司问询函中涉及存货问题，占比 43.1%。问题主要包括以下几个方面：一是未结合公司业务模式对存货构成的合理性进行分析；二是未结合存货减值测试的具体方法和计算过程，以及与同行业可比公司比对分析情况充分说明发行人存货跌价准备计提的充分性；三是未对报告期内存货数量大幅变化的合理性进行分析；四是未说明发行人存货周转率与同行业可比公司对比情况；五是未充分说明存货的盘点情况，包括盘点时间、地点、人员，盘点方法、程序、比例、账实相符情况、盘点结果以及处理措施等。

4. 应收账款问题

金麒麟、美之高等 24 家公司问询函中涉及应收账款问题，占比 41.38%。问题主要包括以下几个方面：一是未根据报告期内应收账款的期后回款情况对发行人应收账款回款是否存在风险进行分析；二是未对报告期内主要客户的信用政策、结算模式、收费周期等情况进行分析；三是未对信用期内和信用期外应收账款的比例和金额进行说明；四是未结合逾期客户的经营情况及财务状况对逾期应收账款的可回收性进行分析说明；五是未对报告期内发行人应收账款回款率与同行业可比公司进行比对分析；六是未对报告期内应收账款大幅增长的合理性进行分析；七是未对发行人报告期各期应收账款前五名与前五大客户差异较大的原因及合理性进行分析。

5. 会计差错更正问题

华维设计、先临三维等 22 家公司问询函中涉及会计差错更正问题，占比 37.93%。问题主要包括以下几个方面：一是未充分披露报告期内会计差错更正事项的具体原因、处理情况及对财务报表的影响程度；二是未对会计差错更正处理是否符合《企业会计准则第 28 号——会计政策、会计估计变更和差错更正》的规定进行分析说明；三是未说明会计差错更正事项是否已按规定进行全面的信息披露；四是未结合会计差错更正事项对发行人是否存在内控缺失、审计疏漏等情况进行分析。

6. 政府补助问题

安徽凤凰、扬子地板等 15 家公司问询函中涉及政府补助问题，占比 25.86%。问题主要包括以下几个方面：一是未充分披露政府补助的具体情况，包括补助的具体项目、补助原因、补助时间或期间、补助金额、相关资产的权属及使用是否存在限制等；二是未对发行人政府补助会计处理方式的合理性进行分析说明；三是未明确发行人对政府补助的依赖程度。

7. 转贷问题

利通科技、浦漕科技等 12 家公司问询函中涉及转贷问题，占比 20.69%。问题主要包括以下几个方面：一是未充分披露转贷发生的背景、原因、具体金额、最终用途、整改情况等；二是未充分披露转贷事项受到的处罚情况及存在的处罚风险；三是未对是否存在控股股东、实际控制人通过转贷占用公司资金的情况进行说明。

8. 第三方回款问题

盖世食品、华维设计等 10 家公司问询函中涉及第三方回款问题，占比 17.24%。问题主要包括以下几个方面：一是未充分披露报告期内第三方回款情况，包括主要销售对象、销售产品及金额、回款安排、第三方回款形成收入占营业收入的比例以及是否涉及现金交易等；二是未对第三方回款的必要性、真实性和合理性进行分析说明；三是未充分披露第三方回款的商业背景，包括第三方回款的客户数量、境内外分布情况、第三方回款金额较大的主要客户情况，相关客户及回款方与发行人是否存在关联关系或其他利益安排等。

（五）募集资金运用及其他事项方面

本部分共提出问题 414 个，占问题总数的 22.96%，问题占比较高。

1. 发行价格与稳定措施问题

58 家公司问询函中全部涉及发行价格与稳定措施问题，占比 100%。问题主要包括以下几个方面：一是未明确发行价格确定的依据、合理性以及与前期二级市场交易价格的关系；二是未明确现行股价稳定预案的可行性及有效性；三是未对部分发行人未选择超额配售选择权的原因及是否对进入精选层存在不利影响进行分析说明。

该问题在精选层开板前后问询函中存在很大差别。精选层开板之前，49 家公司问询函中均未提及该问题，开板之后，58 家公司问询函中全部涉及该问题。原因可能是精选层开板以后，部分公司股票发行价格较高，但后期市场表现一般，导致一段时间内多家公司股票"破发"。全国股转公司在后续的问询中，对发行人价格稳定措施予以重点关注并要求充分披露。同时，对未采用超额配售选择权的发行人，均要求其补充说明是否会对其公开发行并进入精选层存在不利影响。

2. 募集资金的用途及合理性问题

梓橦宫、长虹能源等 46 家公司问询函中涉及募集资金的用途及合理性问题，占比 79.31%。问题主要包括以下几个方面：一是未对募投项目的可行性和合理性进行充分分析；二是未就募投项目对公司发展的必要性进行充分说明；三是未按照《非上市公众公司信息披露内容与格式准则第 11 号——向不特定合格投资者公开发行股票说明书》的有关要求对募集资金的未来使用规划及合理性进行充分说明。

3. 职工薪酬问题

同惠电子、迈达科技等 14 家公司问询函中涉及职工薪酬问题，占比 24.14%。问题主要包括以下几个方面：一是未充分披露职工薪酬的支付结算制度；二是各类业务人员薪酬情况披露不完整；三是未对职工薪酬大幅变动的合理性进行分析说明；四是未对发行人人均创收与同行业可比公司人均创收的异同进行分析；五是未充分披露报告期初及各期期末应付职工工资、奖金、津贴和补贴在期后的实际发放情况；六是未对董监高薪酬大幅减少的合理性进行说明。

4. 员工人数变动问题

风景园林、羌山农牧等 12 家公司问询函中涉及员工人数变动问题，占比

20.69%。问题主要包括以下几个方面：一是未说明申报材料中职工人数与对应年报中职工人数差异较大的原因；二是未说明职工人数大幅变动的合理性；三是未明确员工专业构成、所属部门、是否存在纠纷、社保及公积金缴纳情况等；四是未对员工人数下降而职工薪酬增加的合理性进行分析。

5. 中介机构变更问题

睿思凯、德源药业等 8 家公司问询函中涉及中介机构变更问题，占比 13.78%。问题主要是未对主办券商、会计师事务所等中介机构变更的背景、原因及对发行人的影响进行说明。

四、行业问题分布情况分析

58 家申报公司主要涉及制造业、软件和信息技术服务业、建筑业、科学研究和技术服务业等几个行业。其中，制造业占比最高，共计 38 家，占公司总数的 65.52%。根据证监会大类行业进一步细分，申报数量较多的行业主要有医药制造业（7 家）、专用设备制造业（7 家）、软件和信息技术服务业（5 家）、专业技术服务业（4 家）、计算机和其他电子设备制造业（3 家）、仪器仪表制造业（3 家）及汽车制造业（3 家）等。其他行业公司数量较少（低于 3 家），缺乏广泛性，不对其进行分析。

结合前述问询率较高的问题，从行业情况分析，医药制造类企业在会计差错更正问题（问询函中涉及该问题的医药制造类企业数量为 5 家，该行业企业总数量为 7 家，占比 71%，下同）方面被问询概率较高；专用设备制造类企业在募集资金的用途及合理性问题（占比 100%）和毛利率问题（占比 85%）方面被问询概率较高；软件和信息技术服务类企业在募集资金的用途及合理性问题（占比 80%）、关联方及关联交易问题（占比 80%）、应收账款问题（占比 80%）和毛利率问题（占比 80%）方面被问询概率较高；专业技术服务类企业在募集资金的用途及合理性问题（占比 100%）、会计差错更正问题（占比 75%）、毛利率问题（占比 75%）和生产资质合规性及完备性问题（占比 75%）方面被问询概率较高；计算机和其他电子设备制造类企业在募集资金的用途及合理性问题（占比 100%）方面被问询概率较高；仪器仪表制造类企业在核心技术与专利相关问题（占比 100%）方面被问询概率较高；汽车制造类企业在可比公司选取的合理性问题（占比 100%）和募集资金的用途及合理性问题（占比 100%）方面被问询概率较高。具体情况如表 5 所示。

表5 相关行业集中问题情况

行业分类	问题类型	涉及比例
医药制造业	会计差错更正问题	100%
专用设备制造业	募集资金的用途及合理性问题	100%
	毛利率问题	85%
软件和信息技术服务	募集资金的用途及合理性问题	75%
	主营业务竞争力问题	80%
	关联方及关联交易问题	80%
	应收账款问题	80%
	毛利率问题	80%
专业技术服务业	募集资金的用途及合理性问题	100%
	会计差错更正问题	75%
	毛利率问题	75%
	生产资质合规性及完备性问题	75%
计算机和其他电子设备制造业	募集资金的用途及合理性问题	100%
仪器仪表制造业	核心技术与专利相关问题	100%
汽车制造业	可比公司选取的合理性问题	100%
	募集资金的用途及合理性问题	100%

五、相关思考和建议

（一）建议全国股转公司在《全国股转系统信息速递》中适当增加关注度较高、问询较为集中的事项

目前，全国股转公司通过《全国股转系统信息速递》，定期将新三板市场情况、精选层辅导情况及项目动态以及与新三板相关的改革要闻通报给各证监局，为各证监局及时了解新三板相关动态提供了重要参考。建议全国股转公司根据精选层申报审查情况，在《全国股转系统信息速递》中增加审查过程中关注度较高、问询比较集中的事项，以便各证监局能够及时了解辅导验收中的重点关注事项，提高各证监局辅导验收工作的针对性和专业化水平。

（二）建议各证监局在辅导验收过程中适度加强对问询度较为集中事项的核查

2020年1月22日，证监会公众公司部下发《关于做好新三板公开发行辅导验收及保荐等有关工作的通知》（公众公司部函〔2020〕46号），要求各证

监局在辅导监管过程中发现挂牌公司存在内控缺陷、会计基础薄弱、生产经营存在重大异常或信息披露不实等情况，可就某些事项或会计科目进行现场检查、核查并向公众公司部报告。问询较为集中的事项往往是公众公司部和全国股转公司在核准、审查过程中重点关注的事项，通常也是公司风险点所在，如关联交易的合理性、收入确认的恰当性、存货盘点是否到位、会计差错更正是否符合相关规定等。建议各证监局在辅导验收过程中，综合运用现场及非现场核查手段，适当加强对问询度较为集中事项的核查，深入了解公司状况，督促保荐机构对辅导对象存在的问题进行充分披露，为后续审核把好入口关。

（三）建议保荐机构及有精选层挂牌意向的挂牌公司充分重视相关问询事项，尽早解决挂牌公司存在的问题

全国股转公司会在其网站及时公开对申报公司的问询函以及相关公司针对问询事项的回复。建议保荐机构、有在精选层挂牌意向的挂牌公司充分重视全国股转公司的问询事项，尤其是同行业已申报公司的问询事项，根据自身实际情况，结合已申报公司针对问询事项的回复，尽快尽早解决问题，不断提高公司治理、财务核算、信息披露等方面的规范化水平，进一步夯实公司质量，为后期顺利通过审核打好坚实基础。

精选层投资者情绪、股票收益和定价因子

伍 云 袁 野*

摘 要：本文以新三板精选层45只股票为样本构建精选层投资者情绪因子，在此基础上建立了适用于精选层的股票定价模型，并对精选层投资者情绪、股票收益和定价因子之间的关系进行了实证研究，结果表明：精选层投资者情绪因子对股票收益具有较好的解释能力，投资者交投热情主要来自转板预期、公司质量和交易人气；精选层投资者情绪是一个重要的资产定价风险因子，可以解释散户投资者非理性行为偏差；A股投资者情绪因子与精选层股票收益是显著的正向关系，市场间联动效应通过投资者情绪传导进而引起精选层股票收益变动。根据上述研究结论，本文提出了精选层市场风险监测预警机制优化等相关建议。

关键词：投资者情绪 股票收益 定价因子 精选层 转板

一、问题的提出

近年来的大量实证研究表明，投资者情绪是影响资产定价的重要风险因子。从宏观的角度理解，投资者情绪是自身对标的未来现金流和投资风险的预期偏差，通常是指不能被市场走势中基本面因素和其他理性因素所解释的成分①。从微观的角度定义，投资者情绪源于行为人就某一特定情景产生的观点、

---

* 伍云，全国中小企业股份转让系统有限责任公司市场监察部总监；袁野，全国中小企业股份转让系统有限责任公司市场监察部高级经理。

① 参见 Corredor P., Ferrer E. and Santamaria R. The impact of investor sentiment on stock returns in emerging markets: the case of central european markets [J]. Eastern European Economics, 2015 (53).

意见或想法等，可以作为投资者实施投机行为倾向度的代理变量，具体表现为乐观（高情绪）和悲观（低情绪）两类①。市场弱有效的条件下，投资者对信息的非理性反应将作用于其投资行为，人们情绪的变化容易引起噪声交易，最终可能导致资产偏误定价和市场过度波动。投资者情绪因子对于股票惯性现象等"市场异象"的解释能力一直是学术界和监管层探究的焦点。

新三板是多层次资本市场的重要组成部分，在企业融资、服务民生和宏观经济中的作用越来越重要。自 2020 年 7 月 27 日精选层开市以来，随着投资者的交投预期和风格的不断适应与调整，目前市场整体运行较为平稳，个股表现出现分化，光伏等概念股与 A 股联动效应显现。截至 2021 年 1 月 27 日，一方面，排名前 20% 的精选层公司占据 55.09% 的市场交易，热门股票"连城数控"累计上涨 366.83%；另一方面，仍有 19 只股票破发幅度超过 10%，相关股票日均换手率不足 1%，尾部公司交易不够活跃。个股走势分化的背后原因是，精选层股票收益的影响既有系统风险的因素，也可能有投资者非理性情绪、公司特征等因素。因此，合理量化投资者情绪与股票收益的相关性和定价因子特征，是有效刻画精选层投资者交易行为和全面监测市场运行风险的重要基础工作。

本文以截至 2021 年 1 月 27 日新三板精选层 45 只连续竞价股票为样本展开深入研究，主要贡献有四方面：（1）首先运用因子分析方法综合多维度指标构建了精选层投资者情绪因子。（2）采用面板分析方法考察典型定价因子对精选层股票收益率的解释程度，验证投资者情绪对精选层股价变化的传染影响。（3）建立精选层股票定价模型，进一步检验投资者情绪因子与股票超额收益的相关性，探究情绪因子在精选层股票定价中的影响作用。（4）结合精选层运行实际，进一步提出基于投资者情绪因子的市场风险监测预警机制优化等相关建议。

二、文献回顾

传统金融学中，资产组合理论和资本资产定价模型与有效市场假说紧密联系，以理性人和无摩擦市场假设为基础前提。自从 Markowitz（1952）提出资产

---

① 参见 Baker M. and Wurgler J. Investor sentiment in the stock market [J]. Journal of Economic Perspectives，2007（21）。

组合理论以来，资产定价就成为现代金融理论和监管实务研究的核心内容①。20 世纪 60 至 70 年代，Sharpe（1964）、Lintner（1965）和 Black（1972）基于资产组合理论提出资本资产定价模型（CAPM），核心是投资的高收益率必然伴随高风险，系统风险系数（β）能够完全解释股票的预期收益率②。但是，Fama 和 French（1993）将公司市值和账面市值比两个指标纳入研究范畴，发现当其他因子保持不变的情况下，β 无法解释小公司效应、价值股效应等"市场异象"，从而推出比 CAPM 单因子模型更具解释力的三因子模型③。1997 年，Carhart 在 Fama-French 三因子模型的基础上，加入一年期收益动量异常因素，综合考察了市场风险、规模风险、价值风险和动量风险四因子对基金业绩的影响④。

随着研究的不断深入，行为金融学作为行为经济学的另一分支对传统金融学形成重大挑战，认为投资者不一定总是理性的，过度乐观（或悲观）的投资者情绪可能会产生资产定价偏差，导致资产价格严重偏离其内在价值。早在 1936 年，凯恩斯通过分析投资者情绪对资产价格的影响，强调投资者情绪包含了行为人对未来投资前景和风险的心理预期⑤。初期研究中，部分学者认为情绪与投机泡沫、预期偏差和噪声交易有关⑥，直到 20 世纪 90 年代后投资者情绪在资产定价中的作用被正式确定并广泛应用。其间，比较有代表性的研究有：Baker 和 Wurgler（2006）采用主成分分析法选取股票成交量、股利溢价、封闭式基金折价率、新股上市数量、上市首日收益率、权益比率 6 个指标合成 BW 综合情绪指标⑦。Baker 等（2012）将美国等 6 个股票市场投资者情绪指数分解为 1 个全球投资者情绪因子和 6 个区域投资者情绪因子，发现全球投资者

---

① 参见 Markowitz H. M. Portfolio selection [J]. Journal of Finance，1952（7）。

② 参见潘莉，徐建国. A 股市场的风险与特征因子 [J]. 金融研究，2011（10）。

③ 参见 Fama E. F. and French K. R. Common risk factors in the returns on stocks and bonds [J]. Journal of Financial Economics，1993（33）。

④ 参见 Carhart M. M. On persistence in mutual fund performance [J]. Journal of Finance，1997（52）。

⑤ 参见杨旸，赵丽. 证券市场投资者情绪指数构建研究 [EB/OL]. [2021-01-10]. http://www. sse. com. cn/aboutus/research/report/c/4849604. pdf。

⑥ 参见 Pandey P. and Sehgal S. Investor sentiment and its Role in asset pricing: an empirical study for India [J]. IIBM Management Review，2019（31）。

⑦ 参见 Baker M. and Wurgler J. Investor sentiment and the cross-section of stock returns [J]. Journal of Finance，2006（61）。

情绪因子对市场股票横截面收益有一定预测能力[①]。Chen 等（2013）以亚洲 11 个股票市场为研究样本，实证分析了投资者情绪边际效应对不同行业股票收益的不对称性[②]。Pandey 和 Sehgal（2019）通过对主要定价因子模型进行实证分析，认为投资者情绪在资产定价中发挥重要的作用[③]。此外，国内一些学者在国外研究的基础上对投资者情绪指数进行了一定修正，并适用于 A 股市场股票定价模型中。

三、研究设计

（一）样本选择

本文样本数据来自 Wind 数据库，由 2020 年 7 月 27 日至 2021 年 1 月 27 日在新三板精选层挂牌交易的 45 只股票公开发行、交易、财务指标，以及同期在沪深两市上市的 A 股交易等数据构成，并以日为计量周期。

（二）变量定义

1. 股票收益的衡量

股票收益指标常见有个股收益率和超额收益，精选层股票 i 在 t 日的收益率为

$$R_t^i = \frac{P_t^i - P_{t-1}^i}{P_{t-1}^i}$$

其中，R_t^i 为精选层股票收益率，P_t^i 为精选层股票收盘价（前复权）。

同时，采用 CR_t^i 来表征精选层股票价格走势相对于无风险资产的强弱，股票 i 在 t 日的超额收益为

$$CR_t^i = R_t^i - R_f$$

其中，R_f 为商业银行 3 个月定期存款利率折算的日化收益率。

2. 精选层投资者情绪的衡量

借鉴 Baker 和 Wurgler（2006）等做法，同时为更有效地反映精选层投资者

---

① 参见 Baker M. , Wurgler J. and Yuan Y. Global, local, and contagious investor sentiment [J]. Journal of Financial Economics, 2012 (104)。

② 参见 Chen M. P. , Chen P. F. and Lee C. C. Asymmetric effects of investor sentiment on industry stock returns: panel data evidence [J]. Emerging Markets Review, 2013 (14)。

③ 参见 Pandey P. and Sehgal S. Investor sentiment and its role in asset pricing: an empirical study for India [J]. IIBM Management Review, 2019 (31)。

情绪的变化，本文对 BW 投资者情绪综合指数进行了一定修正，从流动性、人气性、投机性、赚钱效应、收益预期和公司质量等维度选取以下 10 个指标建立精选层投资者情绪因子（见表 1）。

表 1　精选层投资者情绪指标

指标	变量	定义
股票流动性①	AMI_t^i	股票涨跌幅的绝对值/股票成交金额×10⁸
机构资金流入	$IBSI_t$	（机构买入金额−机构卖出金额）／（机构买入金额+机构卖出金额）
新进个人力量	$NBSI_t$	（新进自然人买入金额−新进自然人卖出金额）／（新进自然人买入金额+新进自然人卖出金额）
股票投机性	TNR_t^i	股票成交股数/股票流通股数
市场股价强度	ADR_t	股价上涨股票数量/股价下跌股票数量
信息的透明度	ASY_t^i	股票涨跌幅/（股票成交股数/公开发行股数）
公司转板预期	DUM^i	如果公司符合预期转板条件，变量取值为 1；如果公司不符合预期转板条件，变量取值为 0
公司经营稳定性	CAV^i	连续近 3 年公司经营活动现金流量净额的标准方差
公司资产盈利性	ROE^i	最近一期扣除非经常性损益后净利润/期末公司净资产（摊薄）
公司业务成长性	GRH^i	最近一期扣除非经常性损益后净利润同比增长率

3. 典型定价因子的衡量

（1）市场因子

基于 CAPM 模型，市场因子 MKT_t 以精选层平均涨跌幅（ER_t）与无风险收益率之差（R_f）来衡量，计算公式如下

$$MKT_t = ER_t - R_f$$

（2）规模因子

基于 Fama-French 三因子模型，采用精选层公司流通市值的对数（CIV_t^i）来表征规模性，根据 $t-1$ 期流通市值从小到大排列，定义小规模公司（<25%分位数）与大规模公司（>75%分位数）在 t 期的股票收益率之差即为规模因子（SMB_t^i），计算公式如下

---

① 参见 Amihud Y. Liquidity and stock returns：cross–section and time–series effects［J］. Journal of Financial Markets，2002（5）。该指标数值越大，代表市场冲击成本越大，市场流动性越小。

$$SMB_t^i = R_t^{si} - R_t^{s'i}$$

（3）价值因子

基于 Fama-French 三因子模型，采用精选层公司的市净率（PB_t^i）来表征内在投资价值，根据 $t-1$ 期市净率从小到大排列，定义低市净率公司（<25%分位数）与高市净率公司（>75%分位数）在 t 期的股票收益率之差即为价值因子（HML_t^i），计算公式如下

$$HML_t^i = R_t^{hi} - R_t^{h'i}$$

（4）动量因子

基于 Carhart 四因子模型，根据 $t-1$ 期股票收益率（R_{t-1}^i）从小到大排列，定义高收益率公司（>75%分位数）与低收益率公司（<25%分位数）在 t 期的股票收益率之差即为动量因子（MOM_t^i），计算公式如下

$$MOM_t^i = R_t^{mi} - R_t^{m'i}$$

4. A 股投资者情绪的衡量

借鉴 Kumari 和 Mahakud（2015）研究[1]，主要从市场流动性、交易人气性、主力资金强度和股票投机性 4 个指标建立 A 股投资者情绪因子（见表2）。

表2　A 股投资者情绪指标

指标	变量	定义
市场流动性	AMD_t^a	中证全指涨跌幅的绝对值/中证全指成交金额$\times 10^8$
交易人气性	HLR_t^a	（中证全指当日最高价–当日开盘价）/（中证全指当日开盘价–当日最低价）
主力资金强度	FUN_t^a	北向资金净流入金额/北向资金买卖成交金额
股票投机性	FIN_t^a	融资交易金额的对数

四、实证模型和结果分析

（一）投资者情绪因子的实证结果

1. 指标构建

结合常用研究方法，本文对表1列示的 10 个指标采用因子分析方法构建

---

① 参见 Kumari J. and Mahakud J. Does investor sentiment predict the asset volatility? evidence from emerging stock market India [J]. Journal of Behavioral and Experimental Finance, 2015 (8)。

精选层投资者情绪因子，投资者情绪因子数值越大，表征投资者情绪趋于乐观。

$$SENTI_t^i = \sum \lambda_t^i \mu_t^i \tag{1}$$

其中，$SENTI_t$ 为投资者情绪因子，μ_t^i 为投资者原始情绪指标。

根据因子分析计算结果，选择前 4 个成分构建精选层投资者情绪因子模型

$$SENTI_t^i = 0.9141 \times F_1 + 0.4971 \times F_2 + 0.3920 \times F_3 + 0.0769 \times F_4 \tag{2}$$

将相关变量因子载荷代入式（2），得到精选层投资者情绪因子

$$\begin{aligned} SENTI_t^i = &-0.0276 \times AMI_t^i + 0.1582 \times IBSI_t + 0.1227 \times NBSI_t - 0.0556 \times TNR_t^i + \\ &0.0165 \times ADR_t + 0.0846 \times ASY_t^i + 0.4563 \times DUM^i + \\ &0.2391 \times CAV^i + 0.5672 \times ROE^i + 0.5271 \times GRH^i \tag{3} \end{aligned}$$

同样，对表 2 列示的指标进行因子分析，构建 A 股投资者情绪因子

$$SENTI_t^a = 0.1005 \times AMD_t^a + 0.4911 \times HLR_t^a + 0.3721 \times FUN_t^a + 0.3669 \times FIN_t^a \tag{4}$$

2. 回归分析

对比式（3）和式（4）可以得到：一是转板预期（DUM^i）和公司质量指标对精选层投资者情绪（$SENTI_t$）的解释力度较强。其中，公司的盈利性（ROE^i）和成长性（GRH^i）与投资者情绪的关联性相对较高，影响因子均在 0.5 以上。可见，投资者的交投热情主要来自其对精选层公司的转板预期，相比转板前景相对不明朗的公司（$SENTI_t$ 为 -0.7655），样本期间投资者对有转板潜力的公司情绪因子为 0.2294，并且沪深交易所转板规则征求意见稿（以下简称转板规则）发布后，投资者情绪的变化受相关个股基本面预期影响更为显著。二是交易人气性是衡量精选层和 A 股投资者情绪的重要因子之一。其中，机构资金流向是反映多空人气的先前指标，重要机构买入主力增强，表示看好后市行情，极大程度会推动新进自然人投资者情绪高涨，交易活跃度进一步增加。相比北向资金流入（FUN_t^a），精选层机构投资者整体卖出力量相对较强，投资者的交易热情尚需进一步政策引导；从另一方面也说明加速推进 QFII、RQFII 等境外资金入市，一定程度上可以进一步增强精选层投资者的市场信心。三是信息的透明度与精选层投资者情绪紧密相关。在市场可得信息的真实性存疑的情况下，投资者可能对股票内在价值的不确定性较大，导致投资者情绪趋

于悲观，股票价值被高估的程度也越高①。尤其是在新股晋层首日，如果知情投资者与非知情投资者对新股定价预期较为模糊，可能会进一步加剧散户非理性情绪，造成新股首日破发风险。对比首批 32 只与后续 14 只挂牌交易的精选层股票，两个子样本于晋层首日信息不对称指标（ASY_t^i）分别为 -0.3120 和 0.1390，说明后疫情时期市场整体环境转好，不同类型投资者对精选层新股定价的有意认知偏差缩小，资产理性定价预期尚在形成，主承销商后市稳定股价功能逐渐探索，第二批新股定价效率有所提升。四是融资交易强度可以较好地表征投资者情绪过于乐观（或悲观）的程度。纵观近年国内金融危机，该指标与市场风险呈现较强的相关性，对系统性金融风险有一定预测能力，但相伴产生的投机炒作风险可能会对市场流动性产生一定负面作用（AMD_t^a 影响因子为正）。也就是说，过度投机炒作是以牺牲部分市场流动性为代价的。

（二）定价因子与股票收益率的实证结果

在 Carhart 四因子模型的基础上，本文加入投资者情绪因子，主要分析上述定价因子对精选层股票收益率的影响。具体地，采用面板估计方法对式（5）进行逐项回归。

$$R_t^i = \alpha_i^t + \beta_i^t MKT_t + \gamma_t^i SMB_t^i + \delta_i^t HML_t^i + \varepsilon_i^t MOM_t^i + \in_t^i SENTI_t^i + \zeta_i^t SENTI_t^a + \eta_i^t$$

（5）

1. 描述性统计

表 3 是精选层定价因子的描述性统计。根据公开数据测算，样本期间精选层股票日均收益率（R_t^i）为 0.09%，最大值为 55.40%（同享科技），最小值为 -20.83%（泰祥股份），多空博弈均于精选层开市首日较为充分体现。定价因子中，市场因子（MKT_t）、规模因子（SMB_t^i）、动量因子（MOM_t^i）和 A 股投资者情绪因子（$SENTI_t^a$）均呈现右尾现象，相关个股风险因子溢价成分较大。例如，2020 年 11 月挂牌交易的"诺思兰德"等 4 只股票于转板规则发布后首个交易日（2020 年 12 月 1 日）市场风险溢价达到最高水平，并存在较为明显的动量效应，投资者呈现一定追涨情绪，相应 4 只股票日均收益率为 19.98%。精选层投资者情绪因子分布相对均衡，以转板规则发布为关键节点，投资者情绪逐渐由低转高，规则发布前后 $SENTI_t^i$ 均值分别为 -0.2031 和

① 参见 Berger D. and Turtle H. J. Cross-sectional performance and investor sentiment in a multiple risk factor model [J]. Journal of Banking & Finance，2012（36）。

0.3220，并于 2021 年 1 月 12 日市场整体情绪达到峰值。

表 3   精选层定价因子的描述性统计

变量	观测值	均值	标准差	最小值	中位数	最大值
R_t^i	4398	0.0009	0.0316	−0.2083	−0.0011	0.5540
MKT_t	4398	0.0012	0.0177	−0.0439	−0.0011	0.1035
SMB_t^i	4398	0.0029	0.0172	−0.0237	−0.0002	0.1037
HML_t^i	4398	−0.0044	0.0132	−0.0474	−0.0020	0.0357
MOM_t^i	4398	0.0094	0.0295	−0.0301	0.0049	0.2997
$SENTI_t^i$	4398	0	0.7152	−3.2615	0.0132	3.9742
$SENTI_t^a$	4398	0	0.6780	−0.9604	−0.1428	3.1837

2. 回归分析

表 4 是数据标准化后精选层定价因子的面板固定效应的逐项估计结果①。总体来看，加入投资者情绪因子后，精选层股票多因子定价模型的拟合效果较好，对股票收益率有较强的解释力。一是模型回归结果较为支持 CAPM 理论。根据 CAPM 理论，其他条件等同的情况下，市场风险溢价与股票收益率呈正向关系。市场因子在逐项回归中较为稳定，始终对精选层股票收益率产生正向影响，并且在 1% 的显著性水平下显著。二是 Fama-French 三因子模型对精选层股票收益的解释能力相对有限。单因子检验中规模因子和价值因子均对精选层股票收益显著影响，但在控制市场因子后，上述风险因子作用明显减弱，说明原来所观察到的成长型公司的规模效应是由市场风险溢价引起，所以在控制市场风险后，三因子定价模型效果并不显著。三是投资者情绪因子可以相对更有效地解释精选层股票收益变化。由修正四因子模型实证结果得到（第 11 项），其他条件等同的情况下，精选层投资者情绪因子增加（减少）1%，股票日收益率上升（下降）1.2353%，并且变量的解释率相比其他定价模型有所提升。例如，与 Carhart 四因子模型相比较，投资者情绪是精选层重要的资产定价因子，能够解释投资者非理性情绪因子中的风险溢价，同时包含了规模因子和价值因子中没有的信息成分。四是 A 股投资者情绪因子也对精选层股票走势产生一定联动效应。结果表明，A 股投资者情绪对精选层股票收益率的影响系数为 0.0449，并且在 1% 的显著性水平下显著，市场间投资者情绪的传染和共振效

---

①   F 检验 p 值为 0。括号内为 t 值，***、**、*分别表示在 1%、5%、10%的显著性水平下显著。

应存在。

表4 精选层定价因子与股票收益的回归结果

序号	MKT_t	SMB_t^i	HML_t^i	MOM_t^i	$SENTI_t^i$	$SENTI_t^a$
1	0.5431*** (44.03)					
2		0.1810*** (12.41)				
3			−0.3479*** (−24.96)			
4				0.0103 (0.69)		
5					1.7152*** (23.63)	
6						0.1969*** (13.36)
7	0.5349*** (33.06)	0.0096 (0.74)	−0.0082 (−0.51)			
8		0.1674*** (8.60)	−0.3041*** (−20.63)	−0.0984*** (−5.24)		
9	0.5335*** (32.54)	0.0163 (0.90)	−0.0073 (−0.46)	−0.0092 (−0.54)		
10	0.4552*** (27.53)	0.0199 (1.14)	−0.0287* (−1.84)	−0.1023*** (−5.87)	1.2095*** (17.00)	
11	0.4627*** (34.36)			−0.0923** (−7.04)	1.2353*** (17.23)	0.0449*** (3.45)
12	0.4474*** (26.76)	0.0154 (0.88)	−0.0190 (−1.20)	−0.1023*** (−5.88)	1.2400*** (17.27)	0.0403*** (3.01)

（三）定价因子与股票超额收益的实证结果

为进一步检验投资者情绪因子在精选层定价模型中的稳健性，本文从股票超额收益的维度逐项检验主要定价因子对精选层"市场异象"的解释程度。根据规模因子、价值因子和动量因子四分位数从小到大排列分别将样本期间精选层股票划分为投资组合 P_1、P_2、P_3 和 P_4，采用面板方法估计精选层定价因子与股票超额收益之间的相关性。表5为数据标准化后资产定价模型（6）—

（9）回归分析得到的精选层各投资组合的超额收益（α）[1]。

$$R_t^i - R_f = \alpha_i^t + \beta_i^t MKT_t + \theta_i^t \qquad (6)$$

$$R_t^i - R_f = \alpha_i^t + \beta_i^t MKT_t + \gamma_i^t SMB_t^i + \delta_i^t HML_t^i + \vartheta_i^t \qquad (7)$$

$$R_t^i - R_f = \alpha_i^t + \beta_i^t MKT_t + \gamma_i^t SMB_t^i + \delta_i^t HML_t^i + \varepsilon_i^t MOM_t^i + \iota_i^t \qquad (8)$$

$$R_t^i - R_f = \alpha_i^t + \beta_i^t MKT_t + \varepsilon_i^t MOM_t^i + \varepsilon_i^t SENTI_t^i + \zeta_i^t SENTI_t^a + \kappa_i^t \qquad (9)$$

1. CAPM 模型检验

首先，本文检验 CAPM 模型（6）中市场因子对精选层股票超额收益的解释能力，各投资组合中 α 收益均显著为正，说明该模型在控制市场风险变量后，仍可带来明显的正向超额收益。例如，相比大规模公司（P_4），小规模公司（P_1）赢得 6.73% 的超额收益，存在明显的规模效应，主要原因在于流通市值相对较小的公司股票换手速度较快，投机炒作成本较低，市场风险调整后个股收益相对较高。同时，上述结果也印证了 CAPM 模型假设条件的局限性，市场风险因子调整后的股票收益包含了其他风险因子带来的超额收益。

2. Fama-French 三因子模型检验

其次，拟进一步检验 Fama-French 三因子模型（7）中规模因子、价值因子等是否可以被完全解释，即三因子资产定价效果是否优于 CAPM 模型。回归结果说明，精选层公司规模效应仍然存在，并且规模因子对股票超额收益的影响系数的绝对值呈上升趋势。另外，按照 HML_t^i 排序，投资组合 P_3、P_4 的 α 收益显著为正，高市净率公司相比低市净率公司获得了正向的超额收益，表明投资者倾向于追捧成长性较高的个股。一方面，该现象与公司转板预期有关，主力资金更加积极或激进地流向符合转板预期的公司；另一方面，高市净率公司亦有可能是成长性较高、科创属性较为明显的小规模公司。因此，Fama-French 定价模型未能有力地解释精选层股票所有的横截面收益。

3. Carhart 四因子模型检验

接下来，进一步检验 Carhart 四因子模型（8）中动量因子对精选层股票收益的影响程度。结果表明，样本期间精选层投资组合的动量效应较为明显，投资组合 P_1、P_2 和 P_4 均获得了超额收益，并且在 1% 的显著性水平下显著。在控制了动量因子等定价风险后，相比前期低收益投资组合，$t-1$ 期高收益投资组合在 t 期仍可获得 20.38% 的超额收益，其与特定时期精选层散户"追涨杀跌"

---

① F 检验 p 值为 0。***、**、* 分别表示在 1%、5%、10% 的显著性水平下显著。

的非理性情绪以及"抱团炒作"热门股票等现象有关。因此，Carhart 四因子模型未能有效抵消三因子以外的超额收益的信息成分。

4. 修正四因子模型检验

精选层定价因子与股票收益率的回归模型证明，市场因子、动量因子、精选层投资者情绪因子和 A 股投资者情绪因子均对股票收益率有显著影响，据此，构建修正四因子定价模型（9），进一步检验其股票定价效果。

表 5 实证结果表明，模型中加入投资者情绪因子后，大部分投资组合超额收益的显著性消失，投资组合 P_1、P_4 的检验效果更为明显，规模效应、价值效应和动量效应产生的超额收益一定程度上可以被投资者情绪因子带来的风险补偿所抵消①。因此，基于精选层投资者情绪因子的股票定价模型进一步优化了 Carhart 四因子模型，能够相对有效地捕捉到投资者非理性行为，一定程度上涵盖了上述传统资产定价模型中尚无法解释的精选层超额收益。

表 5　精选层定价因子与股票超额收益的回归结果

CAPM 模型	P_1	P_2	P_3	P_4
SMB_t^i	0.0673 **	− 0.0793 ***	− 0.0331 **	− 0.0233 **
HML_t^i	− 0.0643 ***	− 0.0622 ***	0.0450 **	0.0729 ***
MOM_t^i	− 0.0942 ***	− 0.0890 ***	− 0.0234	0.2006 ***
FF 三因子模型	P_1	P_2	P_3	P_4
SMB_t^i	0.0689 **	− 0.0803 ***	− 0.0340 **	− 0.0234 **
HML_t^i	− 0.0644 ***	− 0.0616 ***	0.0444 **	0.0738 ***
MOM_t^i	− 0.0970 ***	− 0.0899 ***	− 0.0237	0.2026 ***
Carhart 四因子模型	P_1	P_2	P_3	P_4
SMB_t^i	0.0690 **	− 0.0801 ***	− 0.0338 **	− 0.0234 **
HML_t^i	− 0.0645 ***	− 0.0621 ***	0.0446 **	0.0739 ***
MOM_t^i	− 0.0939 ***	− 0.0894 ***	− 0.0237	0.2038 ***
修正四因子模型	P_1	P_2	P_3	P_4
SMB_t^i	0.0097	0.0119	0.0401 **	− 0.0063
HML_t^i	0.0384	0.0329 *	− 0.0370	− 0.0537
MOM_t^i	− 0.0202	− 0.0971	− 0.0377	0.0259

① 针对修正四因子模型中超额收益仍显著的两个投资组合，加入精选层投资者情绪滞后一期变量，回归结果显示相关投资组合超额收益的显著性均消失，精选层投资者情绪对部分股票组合收益存在跨期影响。

五、结论与建议

本文以前期理论研究的成果为基础，以 45 只精选层股票为样本，对精选层投资者情绪、股票收益和定价因子之间的关系进行了实证研究，结果表明：一是综合选取 10 个指标构建的精选层投资者情绪因子对股票收益具有相对较好的解释能力；投资者交投热情主要来自转板预期、公司质量和交易人气，进而对股票收益产生显著的正向影响。二是构建了适用于精选层的股票定价模型，通过对传统定价因子的对比检验，发现精选层投资者情绪是一个重要的资产定价风险因子，可以解释散户投资者的非理性行为偏差。三是 A 股投资者情绪因子与精选层股票收益率、超额收益是显著的正向关系，市场间联动效应通过投资者情绪进一步传导进而引起精选层股票收益变动，并且 A 股投资者情绪在精选层股票定价中能够部分解释公司风险因子中尚未能涵盖的股票超额收益。

根据上述研究结论，结合目前精选层实际运行情况，提出以下建议：一是建立更加全面的、多层次的精选层投资者情绪因子，优化基于投资者情绪因子的市场风险监测和预警机制，积极探索分类投资者情绪对其交易行为的作用机制，进一步增强风险预见预判能力。二是转板规则的落地对提振精选层投资者信心具有重要作用。一方面，应进一步加强投资者的理性预期引导，做好舆情监测和风险应对，防范投资者非理性情绪积聚引起市场严重异常波动；另一方面，贯彻"零容忍"方针，严厉打击恶性异常交易行为，保障转板政策稳妥落地实施。三是继续优化基于投资者情绪因子的精选层股票定价模型，动态监控非理性情绪导致的投资者异常交易行为，监测分析股票超额收益涵盖的信息成分对新股定价的影响，及时、有效地为监管层提供决策依据。

新三板市场行政处罚实证分析

欧阳振远*

摘　要：本文从新三板市场与主板市场存在差异的实际情况出发，结合新三板市场分层业务改革的实际，就监管部门以往针对新三板市场违法违规行为作出的行政处罚案件进行了系统归纳，分析不同的典型违法案例中的重点问题，并在对新三板市场基本法律特征归纳总结的基础上，探讨了新三板市场违法违规行为行政处罚的原则及行政处罚考量因素。

关键词：新三板　违法违规行为　行政处罚

一、新三板市场监管的总体情况

（一）新三板市场基本情况及特点

新三板市场是我国多层次资本市场体系建设的重要组成部分，2020 年实施的新《证券法》第七章明确了新三板是全国性的证券交易场所，并在第九章进一步界定了新三板是集中的场内市场。至此，新三板市场正式成为了我国资本市场中场内市场的组成部分。新证券法对新三板规定较为原则，将具体的操作内容下放给国务院行政法规制定①，给新三板未来的发展预留了充分空间。

---

* 欧阳振远，金杜法律研究院院长。本文为全国股转系统 2020 年委托课题"新三板市场违法违规行为处罚研究"的成果摘要。课题组：金杜法律研究院，课题组成员：欧阳振远、习超（香港中文大学法学院教授、金杜法律研究院客座研究员）、贾棣彦、周湘华、王宇豪、翟玲玲、杨楚清、冯禄航。实习生肖忆雪、廖望、杨雁秋、史巧雨、起海霞、胡萌对课题研究也有贡献。

① 参见陈洁. 新《证券法》中新三板的法律定位及其制度空间 [M] //谢庚，徐明.《多层次资本市场研究（2020 年第 2 辑）》. 北京：中国金融出版社，2020。

新三板市场具有场内市场监管与治理的共性。概括而言，场内市场往往具有特殊设立条件、内部治理结构、特定自律监管职责以及政府监管方面的强制性要求①，从这个层面来看，其与沪深证券交易所并无实质性差别。换言之，不能简单采用场外市场的监管路径②。不过，也应注意到新三板市场的特殊性决定了监管不能无差异地直接沿用沪深交易所的现有规则，而应针对新三板市场制定适宜的监管法则。

虽然新三板市场的设立与发展与主板市场有不少共性，但也有其独有的特征，归纳起来主要为以下几个方面：第一，新三板市场采取了"高投资门槛、低准入门槛"的模式，对风险的包容度较高。新三板市场设置了严格的投资者适当性管理制度，要求准入市场的投资者具有较强的风险识别和防范能力，并且针对不同的层级有不同的准入门槛。针对精选层，新三板市场对投资者准入门槛适当放低；在风险更大的创新层与基础层，准入要求也逐渐增加。新三板市场准入条件宽松，这与新三板市场定位有关，近似于"创新企业孵化器"的定位，决定了适当降低准入门槛的必要性。第二，新三板市场实施层次化的管理制度。全国股转公司对海量的挂牌公司实施分层管理，挂牌公司可以在不同市场层次之间升降转板。基础层公司是创新层与精选层的储备，公司公众化程度与公司治理水平相对较低；创新层的企业则具备一定的公众化程度与公司治理的水平；精选层则为符合较高要求的优质企业，符合条件的可以直接向证券交易所申请上市交易。第三，新三板市场业务体系较为灵活。新三板市场具有多种交易模式，包括做市转让和竞价转让（包括连续竞价与集合竞价）等。其中做市交易是新三板市场所特有的，区别于主板市场的交易类型。除了交易模式丰富，新三板市场还有更灵活的发行方式。根据2020年新修订的《全国中小企业股份转让系统股票定向发行规则》，新三板定向增发相关要求低于主板市场，如在时间要求上，新三板挂牌公司可在挂牌的同时定向发行，主板则不允许。第四，新三板市场的信息披露要求低于交易所主板市场。如定期报告制度，根据2020年新修订的《全国中小企业股份转让系统挂牌公司信息披露规

① 参见陈洁. 新三板的法律定位 [J]. 中国金融，2018（8）：46.
② 我国场外交易市场的监管通常是地方政府主导下的以交易所和行业协会自律为主的模式，如天津股权交易所是在地方政府主导下交易所自律监管为主的模式，而之前的中关村科技园区非上市股份公司代办股份报价转让系统是行业协会主导的监管模式。参见邓向荣等. 中国场外交易市场监管模式及路径选择 [M] //高峦. 中国场外交易市场发展报告（2010~2011），北京：社会科学文献出版社，2011：218-221.

则》（以下简称《挂牌公司信息披露规则》）第十一条第二款，新三板中的基础层与创新层仅需披露年报和半年报，而对季报无要求。第五，新三板市场挂牌公司股权集中，股东人数较少。新三板挂牌公司属于非上市公众公司，在实践中，股东人数超过 200 人的新三板挂牌公司很少。据统计，当前超过 80% 的新三板挂牌公司的股东人数在 50 人以下，而且大多数公司的第一大股东持股比例超过 50%[①]。

（二）新三板市场监管的现状

现阶段，新三板市场的监管体系如图 1 所示，可以将新三板市场监管体系分解为三层，其中第一层、第二层性质上属于自律监管，而第三层属于行政监管。

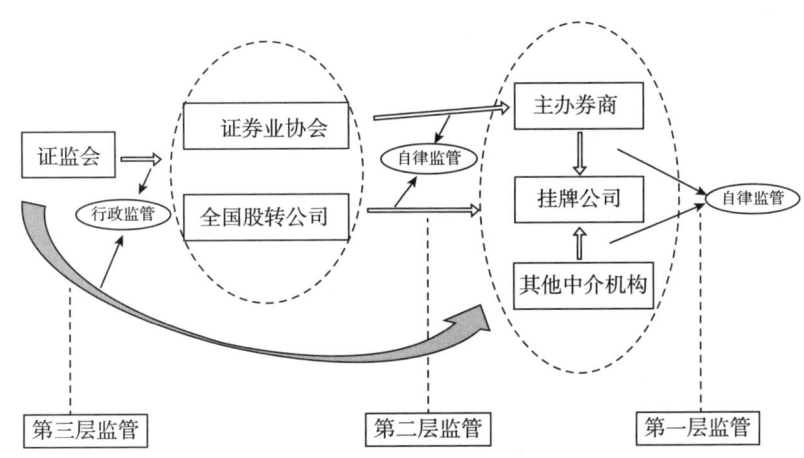

图 1　新三板现行监管体系

第一层监管是主办券商等中介机构对挂牌公司的监管。根据《全国中小企业股份转让系统有限责任公司管理暂行办法》（以下简称《管理暂行办法》）第二十条第二款，主办券商除了推荐股份公司股票挂牌，代理投资者买卖挂牌公司股票，为股票转让提供做市服务外，还负有对挂牌公司进行持续督导的职责。至于其他中介机构，如会计师事务所、律师事务所，在出具审计报告或法律意见书时，也应如实指出存在的问题。

第二层监管是证券业协会对主办券商，及全国股转公司对主办券商、挂牌

---

① 参见王娴等. 新三板挂牌公司的公司治理和监管安排［M］//谢庚，徐明. 新三板研究：全国股转系统课题成果选编 2019. 北京：中国金融出版社，2020：19，23。

公司及其他中介机构的监管。针对前者，主要有《全国中小企业股份转让系统自律监管措施与纪律处分实施细则》《非上市公众公司监督管理办法》的概括性授权，2020年证券业协会发布的《非上市公众公司股票公开发行并在新三板精选层挂牌承销业务规范》第三十三条进一步明确，承销商及中介机构等违反相关法律法规、监管规定、自律规则的，协会将参照《科创板股票承销业务规范》自律管理规定（《首次公开发行股票承销业务规范》）采取自律措施或依法移交其他有权机关处理。针对后者，根据《管理暂行办法》第二十一条至第二十三条及第二十七条规定，全国股转公司在股份公司股票挂牌、定向增发、股票转让等活动中负有监督职责，须及时发现、制止虚假陈述、内幕交易及市场操纵等违规违法行为。根据《全国中小企业股份转让系统业务规则（试行）》6.1至6.7的规定，全国股转公司有权对主办券商、挂牌公司及其他中介机构采取约见谈话、责令改正、出具警示函、限制证券账户交易等十余种监管措施（6.1还设置了兜底条款），还可以将上述主体的违法违规行为记入证券期货市场诚信档案库，同时可采取通报批评或公开谴责的惩戒手段。

第三层监管是证监会对主办券商、挂牌公司及其他中介机构的监管。2013年12月发布的《国务院关于全国中小企业股份转让系统有关问题的决定》，明确证监会比照证券法对虚假披露、内幕交易、操纵市场等违法行为实施行政处罚，由此确立了证监会对新三板市场主体与主板市场主体统一监管的原则。新证券法已经将新三板市场统一纳入证券法调整。需要注意的是，新三板市场交易有其自身的特点，直接沿用上市公司证券发行和交易领域的监管罚则可能"水土不服"，最终会导致新三板市场的发展背离设立时的初衷。故应参照新证券法对主板市场的行政处罚原则及相应标准，确定符合新三板市场运行特征及实际情况的行政处罚原则及标准。

二、新三板市场监管的实证分析

我们对2016年1月至2020年6月监管部门查处的新三板市场的主要违法违规案件进行了分析研究，针对信息披露违法、内幕交易、操纵市场，以及做市违法四类违法违规案件进行了重点分析，探讨其与主板市场的差异，此外，还对监管机构人员及挂牌企业进行了一定范围的问卷调查，以期为建立新三板市场违法违规行为行政处罚原则及主要考量因素提供实证基础。

(一) 信息披露违法

由于新三板挂牌公司基本为中小企业，部分企业尚未建立完善的内部治理体系，致使信息披露违法成为现阶段新三板市场违法违规行为的高发领域。在新三板市场中，信息披露违法行为可被分为未按照规定披露信息、虚假记载、重大遗漏和误导性陈述四类。

在新三板市场信息披露违法领域，全国股转公司采取大量的自律监管措施。针对虚假记载、重大遗漏两类信息披露违法行为，证监会及各地证监局采取了更为积极的行政监管。由此引出的问题是，现阶段证监会及证监局的监管程度如何，以及与沪深交易所主板市场的行政监管是否存在差异？对此，我们梳理汇总了 2016 年至 2020 年 6 月新三板信息披露违法行政处罚案件，并进行了归纳分析。如图 2 所示，信息披露违法案件数量总体上呈上升态势，2019 年的案件数量将近上一年度的 2 倍左右。

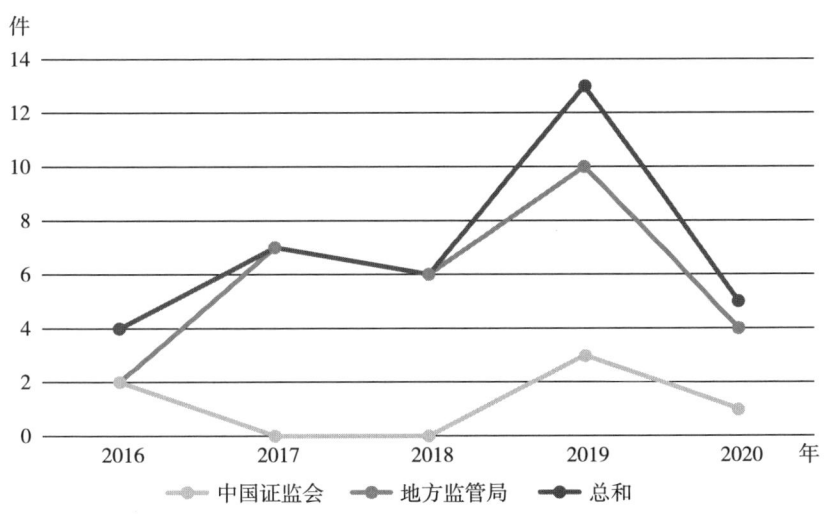

图 2　信息披露违法案件行政处罚数量

在证券法规定的三种行政处罚措施中，责令改正和警告两种措施更偏向于补救与预防，与自律监管措施的主要功能接近，而罚款偏向于惩戒。因此，罚款易作为代表行政监管力度的主要指标。如图 3 所示，我们对除深圳市优能控股股份有限公司案（该案中处罚对象为股东）以外 34 起案件挂牌公司的罚款金额做了统计①，结果显示，证监会对三分之二的信息披露违法案件顶格处罚，而各地证监局顶格处罚的案件比例仅占 13.33%，整体而言，证监会和各地证监局对挂牌公司的行政罚款数额均值为 41.18 万元，仅有 2 个案件当事人被减轻处罚，即罚款 10 万元，这表明现阶段在采取行政监管的案件中，证监会及各地证监局采取了较大的监管力度。

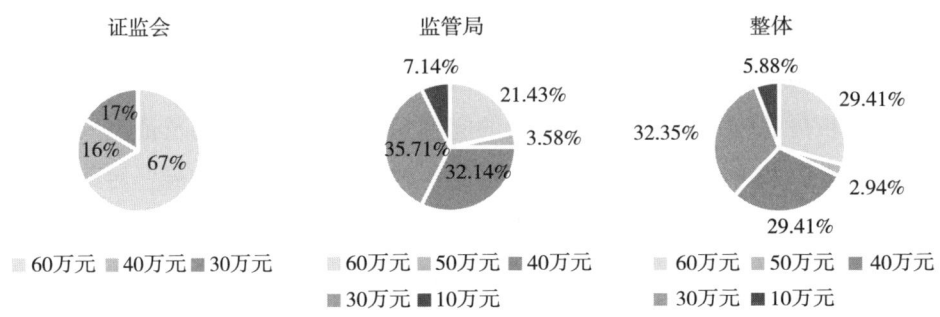

图3 信息披露违法案件行政罚款金额

需进一步分析，证监会及各地证监局在信息披露违法方面，针对新三板市场与沪深交易所主板市场的行政监管力度是否存在不同。在信息披露违法行为类型方面，针对 2013—2017 年主板市场信息披露违法行政处罚的研究显示，重大遗漏、虚假陈述与未按规定披露信息三类信息披露违法行为所占比例分别为 54.38%、34.37% 与 11.25%。经本文统计，新三板信息披露违法行政处罚案件中，重大遗漏、虚假陈述与未按规定披露信息的案件数量分别为 26 件、18 件与 2 件，比例关系为 56.52%、39.13%、4.35%。由此可知，在信息披露违法行政处罚领域，新三板市场与主板市场的各类违法行为类型的数量比例没有实质性差异。在信息披露违法罚款数额方面，以 2016 年 1 月至 2020 年 6 月为区间，本文在证监会监管信息公开平台随机抽样查询了 100 起上市公司信息披露违法案件，发现上市公司被罚款的金额主要分布于 40 万~60 万元（以顶格处罚居多），即与新三板挂牌公司被罚款的金额分布相近。此外，在从轻或减轻处罚事由的主观把握方面，监管部门的执法逻辑得以明确体现，证监会及各地证监局援引的行政处罚从轻或减轻处罚事由在《行政处罚法》统揽之下，根据《行政处罚法》第二十七条规定，存在主动消除或者减轻违法行为危害后

---

① 需说明的是，2016 年至 2020 年 6 月，证监会及证监局依据的主要是 2014 年证券法，因此统计的罚款数额均在 60 万元（顶格处罚）以下。

果或配合行政机关查处违法行为有立功表现等情况，应当从轻或减轻行政处罚。实践中，被处罚当事人的常见申辩理由包括"个人行为，公司不知情""公司财务状况差，无力承担罚款""专业知识欠缺""无违法的主观故意"等，但这些理由基本被证监会及各地证监局认定为无关因素。在新三板市场中有一类特殊的申辩理由，即认为新三板挂牌公司属于非上市公众公司，不同于上市公司，其监管也应区别于上市公司，其典型如奔腾集团案中，奔腾集团认为应考虑新三板挂牌公司的特殊性，以及股份转让系统的创新型和包容性，新三板挂牌公司承担的信息披露责任与上市公司不同，应由全国股转公司采取自律监管措施而非行政处罚。对此，证监会回应称，相关规定已经明确证监会应当比照证券法对新三板市场的违法行为实施行政处罚，新三板市场是证券市场的重要组成部分，依据证券法对于该市场中发生的信息披露违法违规行为进行行政处罚，符合证监会一贯执法实践，而且新三板市场并非法外之地，新三板市场的包容性并不包容违法行为，对全国股转系统放宽准入限制不等于放松监管。该案集中体现了现阶段证监会针对新三板市场和主板市场统一适用证券法实施行政监管的执法逻辑，并没有强调新三板市场行政监管的特殊性。

（二）内幕交易

相较于信息披露违法，内幕交易具有更大的危害性，除了损害公司信誉、造成投资者损失，还会影响证券价格和指数的形成过程，使证券价格和指数并非投资公众的综合评价结果，从而失去公允性并使证券市场失去优化资源配置的功能。相对于信息披露违法案件，证监会及各地证监局查处的新三板挂牌公司及相关人员内幕交易的违法案件较少[①]。

将现有案例与沪深交易所主板市场案例进行对比，可发现目前新三板与主板市场在内幕交易方面的行政监管力度无明显差别。对此，本文以内幕交易是否存在违法所得为基准，分两类情形探讨。

其一，内幕交易不存在违法所得或仅有较低违法所得。在上海飞田通信股份有限公司案中，公司董事邹文杰在内幕信息敏感期内利用他人账户进行交易，实际亏损51414元，即不存在违法所得，上海证监局对邹文杰处以4万元罚款。经本文检索，在主板市场中案情类似且没有违法所得的一些内幕交易违

---

① 需说明的是，在新三板内幕交易领域统计行政罚款数据时，考虑到内幕交易的行为主体并非挂牌公司，故相关数据针对的是责任人员被处罚情形。

法行为也被处以 3 万~5 万元罚款，如新疆赛里木现代农业股份有限公司案①，以及浙江钱江生物化学股份有限公司案②等，换言之，上海证监局并未将该案发生于新三板市场作为减轻或从轻处罚的考量因素。

其二，内幕交易存在较高违法所得。以浙江捷昌线性驱动科技股份有限公司案③和深圳市双翼科技股份有限公司案④为例。该两起案件中，处罚尺度分别是"没一罚二"及"没一罚三"。在主板市场发生的内幕交易案中，绝大多数案件的罚款数额均分布在"没一罚一"至"没一罚三"之间⑤，在证监会（证监局）作出的行政处罚中未见明显区分对待新三板与主板的态度，如与双翼科技案案情类似的金发科技股份有限公司案，证监会也采用了"没一罚三"的处罚尺度⑥。

（三）操纵市场

操纵市场具有严重的危害性，不仅损害了投资者利益，还破坏了正常的证券市场秩序。操纵市场没有明确的构成要件，不过从判断标准上来看，通常具有如下特征：一是交易的目的是使证券价格朝某一方向运动；二是交易者通常不知道自己的交易是否会使价格往该方向运动；三是交易者的收益主要来自其影响价格的能力，而不是掌握了有价值的信息。在新三板市场，操纵市场案件

---

① 该案中，魏某杰系新疆赛里木现代农业股份有限公司拟收购新疆浦墨科技发展有限公司这一内幕信息的知情人，而刘小萍与魏某杰为夫妻关系，在内幕信息敏感期内，刘小萍使用其本人证券账户买入"新赛股份" 55400 股，获利 5572.75 元，新疆证监局决定没收刘小萍违法所得 5572.75 元，并处以 3 万元罚款。

② 该案中，朱某为内幕信息的知情人，胡鸣一与朱某同为夫妻关系，朱毅超是朱某同的儿子。在内幕信息敏感期内，胡鸣一、朱毅超分别买入"钱江生化" 10000 股、15000 股，均无违法所得。浙江证监局决定对胡鸣一处以 3 万元罚款，对朱毅超处以 5 万元罚款。

③ 公司董事长胡某昌与其同学罗泽林，在内幕信息形成后频繁通话，内幕信息敏感期内，罗泽林用其证券账户进行交易，截至调查日账面盈利 399575.70 元。浙江证监局决定对其没收违法所得 399575.70 元，并处 799151.40 元罚款。

④ 总经理的赖伟强作为双益科技与楚天高速拟开展并购重组事项信息的知情人，利用内幕信息，在内幕信息敏感期内控制使用他人证券账户买入"楚天高速" 237680 股，获利共计 274435.8 元。湖北证监会决定没收赖伟强全部违法所得，并处以罚款 823307.4 元。

⑤ 参见张翕. 中国证监会内幕交易行政处罚案例综述 [J]. 法律与新金融，2017（7）：26-67。

⑥ 该案中，作为法定内幕信息知情人的袁志敏提供资金，王宗明操作涉案账户，二人共同交易"金发科技"股票，共获得违法所得 32.7 万元。证监会依法对袁志敏、王宗明内幕交易"金发科技"案作出行政处罚，责令王宗明依法处理非法持有的股票，没收袁志敏、王宗明违法所得 32.7 万元，并对袁志敏、王宗明分别处以 58.9 万元、39.3 万元罚款（3 倍罚款）。

的查处总量相对较少①。

将现有的案例与沪深交易所主板市场案例情况进行对比，可发现当前新三板与主板市场在操纵市场方面的行政监管力度无明显差别。对此，本文以操纵市场是否存在违法所得为基准，分两类情形探讨。

其一，操纵市场不存在违法所得或仅有较低违法所得。较为典型的案件有上海易所试网络信息技术股份有限公司案②、福建卫东投资集团有限公司案③、湖南众益文化传媒股份有限公司案④、国泰君安股份优先有限公司案⑤。上述案件中，被处罚公司及相关人员均未获利，证监会的罚款尺度均在法定标准的中位线以下。从证监会的罚款数额来看，大致采取了较宽松的执法尺度。不过主板市场同类案件的罚款数额总体不高，如2014年成都欣华欣化工材料有限公司案中，造成"甲醇1501"价格异常波动（上涨8.9%），最终也是被证监会处以100万元的罚款。因此，尚无法得出证监会对新三板的操纵市场行为从轻

① 需说明的是，在新三板操纵市场领域统计行政罚款数据时，不再仅针对挂牌公司，因搜集的案例中主要是责任人员进行操纵市场牟利。

② 为高价定向增发股份，2015年易所试安排中泰证券股份有限公司做市交易，在二级市场买入易所试股票以拉抬股价，同时其他方式拉抬股价，之后将买入的易所试股票卖回给易所试控制的账户，上述行为导致使易所试股价在操纵期间上涨81.68%，同期新三板做市指数上涨4.46%，偏离度高达77.23%，但最终中泰证券做市户亏损约258.31万元，易所试控制的4个账户亏损约508.36万元，均无违法所得。证监会根据《证券法》（2014年）第二百零三条对易所试及中泰证券均处以100万元罚款，而相关责任人员分别被处以3万~10万元的罚款。

③ 2015年卫东集团总经济师由卞友苏（实际控制人的配偶）利用持股优势和信息优势，连续买卖"卫东环保"，同时通过盘中拉抬、尾市拉抬等方式，影响股票交易价格和交易量，其中，操纵股价上涨15.41%，偏离同期新三板成分指数24.03%，操纵成交金额占同期新三板证券总成交金额的4.04%，"卫东环保"市场成交量较操纵前相同数量交易日该股市场成交量放大54.46倍。不过，涉案账户组交易"卫东环保"后无违法所得。证监会对此依据《证券法》（2014年）第二百零三条对卫东集团罚款100万元，而相关责任人员分别被处以15万~30万元的罚款。

④ 2015年众益文化传媒实际控制人文高永权及相关管理层人员王交英等4人使用控制的账户组，通过集中资金优势、持股优势，利用联合买卖、连续买卖等方式抬高"众益传媒"收盘价格，累计涨幅为55.56%，同期新三板做市指数涨幅为12.06%，偏离43.5%。涉案账户组无违法所得。证监会对此依据《证券法》（2014年）第二百零三条对相关责任人员分别处以40万~60万元的罚款（非单位操纵市场，罚款幅度为30万~300万元）。

⑤ 2015年国泰君安场外市场部总经理助理、做市业务部负责人王仕宏为减少降低2016年业绩考核起点，擅自决定对国泰君安重仓的30只股票执行"不低于前一日收盘价20%就可以卖"的交易策略，并告知深圳小乘登陆新三板投资中心总裁陈杰，由陈杰控制操作的三个账户委托买入32只国泰君安做市股票，均以低于收盘价的15.25%~21.13%的价格申报，国泰君安在做市交易过程中采用在收盘前10分钟以主动低价申报卖出成交的方式打压或锁定股价，在收盘前的几分钟内单笔低价申报卖出与陈杰控制的三个账户的低价申报买入成交锁定收盘价等方式，影响了"福昕软件"等14只股票交易价格，造成其中12只股票当日跌幅达到10%以上，与新三板做市指数的偏离度均在10%以上。做市户盈亏合并计算，本次操纵亏损。证监会对王仕宏和陈杰均处以100万元的罚款。

或减轻处罚的结论。

其二，操纵市场存在较高违法所得，以奔腾科技实业集团股份有限公司案①和广西明利创新实业股份有限公司案②进行分析。上述案件中，被处罚人均获利超过30万元③，证监会在决定没收违法所得之外，均采取了顶格罚款标准（"没一罚五"）。反观主板市场，2016年至2017年6月，在操纵市场行为人有较大获利的33起案例中，"没一罚五"的仅有3起④。这至少说明，新三板市场的操纵市场行为未获得从轻或减轻处罚的考虑。2015年广州市创势翔投资有限公司在主板市场中利用其控制的37个证券账户，通过开盘虚假申报、尾市拉抬等方式，影响了6只股票的交易价格及交易量（造成相关股票日涨幅在5.74%~9.8%），共盈利20738393.32元，之后证监会予以"没一罚三"的处罚。与前述奔腾集团案相比，虽然该案造成的股票涨幅相对较小（与主板市场实行交易价格涨跌幅限制有关），但操纵的股票更多、所涉金额及违法所得更大，但在罚款倍数方面明显小于奔腾集团案。实际上，在前述明利创新案中，证监会明确指出了当事人提出的"新三板市场的特殊性决定案件社会危害性较轻"辩解理由并不能成立，而应根据对新三板市场价格和成交量扰乱波动大小等情形综合判断。这进一步印证证监会仍是采取了将新三板市场与主板市场统一监管尺度的执法逻辑。

（四）做市违法

做市交易作为新三板市场在交易制度层面区别于主板市场是主要特色之一，其功能发挥对新三板市场的发展具有重要影响。做市商常见违法行为包括

① 2016—2017年奔腾集团董事长张郁达及其配偶张晓敏控制利用账户组，利用资金优势、持股优势及信息优势，连续买卖"奔腾集团"股票，使"奔腾集团"股票价格从3.05元上涨至6.05元，涨幅为98.36%，同期全国中小企业股份转让系统（以下简称股份转让系统）成分指数下跌0.55%，偏离98.91%；做市成分指数上涨1.4%，偏离96.96%，控制的账户组在操纵期间实际盈利703691.74元。证监会对此依据《证券法》（2014年）第二百零三条，决定没收张郁达及张晓敏所持有的股票及全部违法所得，并处以违法所得5倍的罚款。

② 2015—2016年明利创新实际控制人林军及公司高管何中华、陈志强通过采用集中资金优势及持股优势进行连续交易、对倒交易的方式，造成"明利股份"交易活跃的假象，吸引大量投资者、做市商踊跃跟进购买"明利股份"股票，以实现减持股票获利的目的，在上述期间内，所控制的账户组净减持股数7329.05万股，共获利29342.48万元。证监会决定没收林军、何忠华、陈志强全部违法所得，并处以违法所得的5倍罚款，其中何忠华、陈志强分别承担150万元罚款，其余罚款均由林军承担。

③ 根据《证券法》（2014年）第二百零三条的规定，对于违法所得超过30万元的，没收违法所得并处以违法所得1倍以上5倍以下的罚款。

④ 参见徐瑶.中国证监会2016—2017操纵市场案例综述［J］.法律与新金融，2017（9）：2-40.

不履行或不规范履行报价义务、内幕交易、操纵市场、串通报价或信息、以不正当方式影响其他做市商做市、与所做市的挂牌公司及其股东就股权回购等作出约定，以及做市业务人员通过做市向自身或利益相关者进行利益输送等①。

在查询到的两起做市违法被行政处罚的案例中，中泰证券和国泰君安（责任人员）均被处于 100 万元罚款。从与同案挂牌公司或其他责任人员的罚款尺度对比来看，做市商与其他责任主体的处罚尺度不存在差异。做市交易的特征决定了在责任层面，对做市商应有所加重，反映在与挂牌公司或其他人员合谋扰乱市场秩序时，在惩罚力度上应形成区分。

（五）市场调查分析

本文出于实证目的，围绕新三板市场行政监管问题，对有关监管机构及有代表性的新三板挂牌公司进行了问卷调查。

针对新三板市场是否有必要制定独立于主板市场的行政处罚规则，执法机构问卷调查结果显示，大部分受访者认为有必要。主要原因有以下几点：第一，新三板作为独立市场的性质与定位与主板存在差异；第二，新三板市场违法行为社会危害性较小；第三，新三板市场挂牌公司处于较为前期的发展阶段，公司治理水平本身较低。少数受访者认为没有必要单独制定新三板行政处罚规则，主要理由是新三板挂牌公司和主板上市公司一样，属于公众公司，应具备合规意识、完善内控机制、履行信息披露义务，故在资本市场内应当适用统一的监管尺度。上述调查结果中的多数者意见与本文研究的结论方向一致。

针对新三板市场与主板市场对于三类典型违法行为的性质认定标准是否应当存在差别，受访者中的大多数认为对于内幕交易与操纵市场的案件通常在认定标准上不应当存在差别，而对于信息披露的认定上应当更加宽松。在处罚尺度上，大多数受访者在内幕交易和操纵市场两个问题的处罚尺度上都认为应当和主板市场保持基本一致，但在信息披露问题上，认为应当更加宽松和认为应当保持一致的受访者则刚好持平。如表 1 所示。

---

① 参见邢会强．新三板做市商典型违规案例评析［J］．国际融资，2016（4）：58-59。

表 1　调查意见反馈情况

题目/选项	应当更加严格	应当基本一致	应当更加宽松
信息披露	0（0%）	16（50%）	16（50%）
内幕交易	0（0%）	21（65.63%）	11（34.38%）
操纵市场	1（3.13%）	23（71.88%）	8（25%）

本文还向证券监管部门相关专业人士发放了问卷。绝大多数的受访者认为，新三板市场中违法违规行为的立案标准应当与主板存在区别，且所有受访者都认为，新三板精选层公司和创新层、基础层公司的违法违规行为的行政处罚标准不应当相同。此外，大部分受访者认为，应当专门制定针对新三板市场的独立于主板市场的处罚规则，针对新三板市场及其不同市场层次的具体特点，对违法违规认定标准和处罚幅度进行具体考量。

三、新三板市场行政监管的原则及行政处罚考量因素

（一）新三板市场行政监管的原则

以我国新三板市场设立的初衷为价值取向，归纳出新三板市场存在明显不同于主板市场的法律特征，结合新三板市场发展的实际，在以上实证分析结论和比较法研究的基础上，提出对新三板市场违法行为行政处罚的四个基本原则如下。

第一，谦抑原则。对新三板市场的监管应以自律监管为主，行政监管为辅。新三板市场设立的目的在于扶持与培育中小微企业的发展，因此，对于新三板市场违法违规行为施以行政处罚，应当与新三板市场的法律定位与市场功能相适应，充分考虑到促进中小微企业发展的目的，在行政处罚的适用条件、处罚尺度等方面与主板有所区别。证券监管机构应适当放宽行政处罚的立案条件，不轻易适用行政处罚，必要时也应相较于主板的标准从轻或减轻适用行政处罚。对于主观恶意不大的违法违规行为，监管部门应当尽可能采取可以帮助企业纠正违法行为且走上正轨的监管措施，让这些创新企业得到发展的空间，而非广泛适用罚款等惩罚性处罚，不利于市场活力的迸发。况且，新三板市场大部分挂牌企业由于全国股转公司已经基于新三板市场的具体特点制定了相对完整的自律监管的原则与标准，因此公权力应当保持一定的谦抑性，尽可能完善相应的衔接制度，尊重自律监管的权限范围，不轻易适用行政处罚。建议对于新三板市场的创新层和基础层挂牌公司适用以自律监管为主，慎用行政处罚

的监管原则。

第二，区别对待原则。行政处罚应区别对待主板市场与新三板市场，以及新三板市场中不同的层级。新三板市场是一个独立的公开市场、场内市场，是我国多层次资本市场的重要组成部分。同时，新三板市场的存在也是为了满足主板无法满足的市场多样化的需求，尤其是中小微企业发展的需要。毫无疑问，证监会根据国务院决定和新证券法的规定，对新三板市场中发生的虚假披露、内幕交易、操纵市场等违法行为确立与主板市场统一监管的原则有充分的法律依据。但是，新三板市场从设立目的、市场主体、交易方式、违法行为的社会影响等方面，与主板市场相比有很大的差异。如无一差别地适用主板市场的行政处罚规则，尤其是新证券法规定的加重处罚，则会使新三板市场负担难于承受之重，有悖于新三板市场设立之初衷。此外，新三板市场内部也是一个分为三层的多层次市场，位于顶层的精选层和之下的创新层、基础层，其股东人数、公司法人治理、违法行为的社会危害性等都有不少差别，行政处罚应区别对待。

第三，比例原则。行政处罚应根据公司的具体情况，对同种违法行为的处罚应当与其主观恶性的大小、社会危害性大小等因素相适应。考虑到新三板市场中的挂牌公司数量众多，且不同的公司间差异较大，鱼龙混杂，在处理违法违规行为时，行政处罚应根据公司的具体情况具体分析。根据案件的社会危害性、主观恶性大小、违法违规的具体形式等不同的因素，分别适用恰当的法律与规则，施以和其违法行为的社会危害性比例相当的行政处罚。例如，对于社会危害性较大的案件应当适用行政处罚，并酌情从重或从轻处罚；对于危害较小的案件适用新三板市场的自律监管规则，同时，也应当酌情选择恰当的尺度，在个案当中根据具体情况进行衡量，实现个案的正义。

第四，效率原则。新三板市场的行政处罚应做到及时高效，效率优先。新三板市场企业数量极大，且主要为创新企业，质量参差不齐；加之新三板市场对定向增发无限售要求，违法时间成本低，监管机制应迅速反应并采取适当处罚措施，才能有效防范违法违规行为，尽量减少或弥补投资者的损失，避免事态蔓延，也尽快让市场秩序得到规范。这样才能尽可能维持市场的良好秩序与氛围，更有利于培育新三板市场的市场主体健康发展。

（二）对新三板市场主要违法行为行政处罚的考量因素

在新三板市场的监管中总体上应从三个维度思考：其一，三个监管层次，即两层自律性监管和一层行政监管的协调问题；其二，三个内部板块，即新三板基础层、创新层及精选层之间的梯度问题；其三，三类主要违法行为，即信息披露违法、内幕交易及操纵市场三类典型违法行为之间的差异问题。

1. 针对信息披露违法的行政处罚考量因素

信息披露违法是目前新三板市场违法行为的高发领域，新三板市场信息披露违法的大多数主体为基础层的中小型公司。总体上来看，新三板市场的信披违法的性质较轻，在处罚上应有所区别。

结合监管层次、内部板块差异来看，对信息披露违法的行政处罚应当考虑如下因素：其一，保持谦抑性。在信息披露违法的危害性较小，而投资者的自我保护能力较强时，应充分尊重市场规律，减少行政介入，通过市场的优胜劣汰让不合适挂牌的公司及时退出市场。其二，以拯救为主，以惩罚为辅。考虑中小型公司往往管理能力低下，在信披违法行为中多为主观过失，对此采取以自律性监管为主的监管措施，更利于新三板市场的繁荣发展。其三，内部分层监管。在确立整体上慎用行政处罚的指导逻辑下，应注意区分不同的监管策略。针对基础层挂牌公司，原则上不适用行政处罚；针对创新层挂牌公司，严格控制行政处罚的适用，应以自律性监管措施为主；针对精选层挂牌公司，从今后升级转板的角度考量，在行政处罚上也应对标主板市场，但也应结合具体情况予以从轻或减轻处罚。

2. 针对内幕交易的行政处罚考量因素

内幕交易相较于信息披露违法的危害性更高，且主观恶性较大，行为性质更为严重。内幕交易违法对股权流动性要求较高，因而多发生在规模较大的公司，新三板尚处发展阶段，现阶段查处的内幕交易案件数量不多。对此，应当确立相较于信息披露违法更严格的监管规则，除了加强自律性监管的运用，还应适当运用行政处罚，多层次预防和惩治内幕交易行为。

结合监管层次、内部板块差异来看，对内幕交易的行政处罚应当考虑如下因素：其一，注意比例原则的适用。当前新三板市场的挂牌公司大多股东较少，股权流动性不足，客观上限制了内幕交易的社会危害性，因此较于主板市场而言，在决定适用行政处罚时应根据比例原则酌情考量给予行为人与其行为社会危害性相对应的行政处罚。其二，谨慎适用行政处罚。目前新三板挂牌公司90%左右均为股东人数50人以下的中小型公司，该类公司股东之间具有较高的关联性，要充分注意主客观相一致原则的把握。其三，内部分层监管。针对基础层挂牌公司，对于该类行为人采取禁止准入市场或交易等自律性监管措施更为高效；针对创新层挂牌公司，在慎重适用行政处罚的同时，应控制处罚尺度；针对精选层挂牌公司，参照主板市场的处罚尺度结合挂牌公司的特殊性，酌情予以从轻或减轻处罚。

3. 针对操纵市场的行政处罚考量因素

操纵市场行为具有相对更严重的社会危害性，但由于新三板市场尚处于起步阶段，挂牌公司的规模以中小型居多，因此相关行为的影响客观上有限，不能照搬主板市场的行政处罚规则。

结合监管层次、内部板块差异来看，对操纵市场的行政处罚应当考虑如下因素：其一，保持谦抑性。考虑到新三板市场的特殊性，其市场流动性差及机构投资者自我保护较强，行为人通过操纵市场牟利的成功率客观受限，从充分尊重市场各方主体博弈的角度出发，行政处罚的立案标准可以适当提高，公权力不轻易介入，这样也有利于节约行政成本。其二，界分操纵市场与欺诈、诈骗。实践中，一些不法行为人通过包装使公司顺利进入市场并发行融资，后续通过操纵市场影响股价，进而减持套现。在对这类公司作出行政处罚时，需综合其入市到操纵行为发生整个阶段来看，以明确是否存在欺诈以及诈骗的可能，尽早启动司法程序，提高追赃挽损的时效性。其三，把握社会危害性的判断基准。判断操纵市场行为的处罚尺度时，通常会结合被操纵股票价格变化幅度及与同时间市场整体的偏离度、行为人动用的资金数量、违法所得等因素判断行为的危害性。当前新三板市场的规模与主板市场存在较大差距，相同性质的行为在两个市场造成的客观影响不同，对此，在选用罚款基准时，应从"上涨幅度""偏离度"的数额大小等形式标准深入实质标准。其四，内部分层监管。对于操纵市场，也应考虑不同板块挂牌公司的差异性，以及行为人的社会危害后果。

四、结语

新三板市场设立的时间不长，每一个新三板市场违法行为的行政处罚案件都是在重新"立法"，但要形成可以遵循的规则需要时间积累。我国在考虑对新三板市场的违法违规行为进行监管时，应本着设立新三板的初衷，借鉴国外成熟的资本市场成功的经验，坚持以自律监管为主，行政监管为辅的原则，完善诉讼仲裁制度，以市场方式加强对新三板市场的监管。

域外经验

多层次资本市场联通机制研究

——以台湾证券柜台买卖中心创柜板为借鉴

黄振雷　　王　晔*

摘　要： 多层次资本市场是指为满足不同发展阶段的企业融资需求，设置不同的上市、挂牌标准而形成的分层次资本市场，多层次资本市场体系中，区域性股权市场以服务初创期中小微企业为基本定位，筑成了多层次资本市场的塔基，新三板市场则更多服务于成长期或成熟期企业，畅通新三板与区域性股权市场的联通机制，有利于进一步发挥资本市场高效资源配置功能，明确中小微企业在资本市场发展路径。本文结合多层次资本市场理论基础，借鉴台湾柜买中心及创柜板在不同层次资本市场间的联通机制，针对区域性股权市场与新三板联通机制的现状及问题，提出构建畅通联通机制的政策建议。

关键词： 新三板　区域性股权市场　联通机制　台湾创柜板

一、多层次资本市场理论基础

（一）多层次资本市场分工理论

目前，多层次资本市场的理论基础包括投资者风险偏好理论、金融分工理论、提升国际竞争力理论等（曾繁振，2012）。一是投资者风险偏好理论。投资者可以分为风险偏好型、风险中性型、风险厌恶型（尹志超等，2014）。资本市场进行分层设计可以满足不同风险态度投资者的投资需求。二是金融分工理论。资本市场在支持技术创新和新产业发展等方面存在着独特优势，投资者

---

* 黄振雷，北京股权交易中心副总经理；王晔，北京股权交易中心挂牌管理部负责人。

可根据自己的风险偏好选择对新项目进行份额较小的投资，充分利用资本市场的横向风险分担机制，分散较高的投资风险。三是提升国际竞争力理论。随着国际经济一体化和金融市场全球化的趋势不断增强，资本市场已突破了只为本国企业服务、只有本国投资者的定位。为了吸引更多机构和投资者到本国资本市场投资，使更多未来有发展潜力的公司挂牌上市，资本市场分层设计是必要的。

（二）企业成长理论

企业的发展通常会经历初创期、成长期、成熟期、衰退期或重组期（Lewis和Churchill，1983；张捷和王霄，2002）。企业在初创期，通常都会有比较不错的产品，但常常处于亏损状态。经过一段时期的培育后，企业销售规模不断增长，实现扭亏为盈，进入成长期。在成熟期，企业的销售收入、利润、规模等都处于较高水平，但成长缓慢。成熟期维持一段时间后，随着竞争者不断加入，竞争越来越大，企业的销售规模和利润难以维持在较高的水平，逐步出现下降的趋势，这时候企业已进入衰退期，衰退期后，企业要么慢慢衰亡而退出市场，要么被并购或进行重组。

企业每一个阶段对应的融资需求不同，初创期企业难以获得银行贷款，所以应以权益性融资为主。这一阶段企业的主要融资来源是创业者自有资金、政府资助和风险投资等。企业可在区域性股权市场挂牌展示，获得融资；成长期企业既可以获得银行贷款，又可以引入风险投资。此时，企业可由区域性股权市场转入新三板市场、科创板、创业板、中小板等更高层次资本市场，获得更多融资。如果企业经营不好，可以退市或转入区域性股权市场再进行培育。成熟期企业融资渠道广泛，银行贷款、发债、上市融资均可。此时，企业可能是行业龙头或是骨干企业，可以进入主板市场进行融资。衰退期企业的资金需求则主要通过积累资金解决（张捷和王霄，2002）。

（三）平台型市场理论

平台型市场又称双边市场，广泛应用于银联组织、电子商务市场、网络搜索引擎、交易场所等。跨边网络效应导致平台型市场的定价机制、竞争策略、运营模式等与传统类型市场不同。定价方面，平台型市场中，平台提供者往往要采取价格补贴或定价不对等的方式同其他平台竞争（胥莉和陈宏民，2006；Rochet和Tirole，2003；Hagiu，2006）；商业模式方面，平台提供者不仅要关注两边用户的数量和质量，还要设计一系列机制、程序方便两边用户交互

（Schiff，2003）。平台提供者还要依靠定价、平台创新等方式，解决平台发展初期的"鸡和蛋"问题（Caillaud 和 Jullien，2003；Rochet 和 Tirole，2003）以及多平台接入等问题（Armstrong，2006；Armstrong 和 Wright，2007）。

区域性股权市场发展需要解决的一个重要问题是聚集了各类型的企业和投资者以后，市场如何帮助二者实现无缝对接，同时解决创业企业的融资问题和投资者的投资问题。应用平台型市场理论，黄振雷等（2016）认为：一是建立一套数据库系统，对两边用户以及需求进行分类整理；二是采取一系列匹配性的手段，设计一系列的制度和程序，匹配两边用户的需求；三是不断创新，强化区域性股权市场的跨边网络效应。运用华盖策略，区域性股权市场可以与新三板建立联通机制，吸引优质的中小微企业到区域性股权市场挂牌展示，培育孵化相对成熟后，为更高层次资本市场如新三板、科创板、创业板等输送更规范、对资本市场有深刻理解、具备规矩意识的企业。

二、台湾证券柜台买卖中心

（一）台湾多层次资本市场

台湾多层次资本市场包括集中交易市场（台湾证券交易所）和柜台买卖市场（台湾柜台买卖中心）。台湾证券交易所是台湾地区唯一的场内集中证券交易所。台湾柜台买卖中心也称台湾的"二板市场"，通过分层次的内部板块架构，实现服务不同发展阶段企业的辅导、培育功能。

柜台买卖中心多层次体系中自上而下包含上柜市场、兴柜市场和创柜市场，其中上柜市场和兴柜市场为公开发行的市场，创柜市场为非公开发行市场。上柜市场挂牌公司发展若干年后符合上市条件的，可转板成为上市公司。兴柜市场是新开发的场外股票市场，专门为未上市、未在上柜市场挂牌但已经申报上市或上柜辅导的公司的普通股股票提供交易流通的场所。兴柜市场与上柜市场存在转板制度联结，台湾境内的企业在上市或上柜前必须在兴柜市场辅导 6 个月及以上。创柜市场定位为辅导非公开发行的创新、创意企业发展并协助其筹资。柜台买卖中心三个板块呈阶梯错位发展模式，较好地贯彻了多层次资本市场分工理论、企业成长理论、平台型市场理论，是多层次资本市场间协同、联动、错位发展的落地平台。创柜市场作为服务于中小微企业的平台，其与兴柜市场、上柜市场的错位发展与互联互通模式，为区域性股权市场与新三板互联互通提供了有益探索，具有十分重要的借鉴意义。

（二）创柜板服务体系

台湾柜买中心参照美国的 JOBS 法案中关于鼓励新兴成长企业的相关规范，于 2014 年设立创柜板，创柜取名于创意柜台，设立的初衷在于扶持微型创新企业的发展。在台湾地区，微型创新企业众多，多数的微型创新企业规模小，资金匮乏。台湾柜买中心设立创柜板旨在为这类企业解决资金筹集难题，创柜板提供股权筹资，但不公开发行。相比上柜板与兴柜板，创柜板对于企业登陆未设置更多门槛，侧重辅导与资源联结。只要是合法成立且公司资本未超过 5000 万元新台币，愿意接受台湾柜买中心设立的公设联合辅导机制，具有创新、创意特点的公司即可申请登陆创柜板进行筹资。截至 2020 年 12 月底，创柜板共有在板公司 87 家，总资本额 62.08 亿新台币。辅导中公司46 家①。

公设联合辅导机制是创柜板服务的一大特色，会计师事务所、证券承销商提供完全免费辅导，辅导企业建立规范的财务会计和企业内控制度，企业通过创柜板创新创意审核后，需接受创柜板强制公设联合辅导，期限原则不低于 6个月，最长不超过 2 年。

政府资源汇聚机制是创柜板服务的另一大特色，创柜板通过汇集融资贷款类、奖励辅助类、活动及竞赛类、创投资金类、训练课程类、综合类六大类政府资源，帮助企业实现与经济部中小企业处、商业司、工业局、工业技术研究院、发展基金管理会等行政事业部门的对接，争取各类补贴政策和政府支持资金。

（三）创柜板和更高层次资本市场的对接

创柜板不仅为微型创新企业便捷筹资提供一个服务平台，更重要的作用在于通过联合辅导以及政策支持，扩大企业影响力，助力企业实现规范发展，筑牢基础，为对接更高层次资本市场铺平道路。同时，通过台湾柜买中心内部一体化协同机制，如后台证券账户联通体系，快速实现便捷转板至上（兴）柜板挂牌交易。

创柜市场的设立完善了台湾多层次资本市场，形成了以创柜板为底层，兴柜和上柜市场为中层，台湾证券交易所为高层的资本市场体系。创柜板是上柜和兴柜板的有效补充，是帮助企业在成长周期的初创时期获取融资，提高企业

---

① 辅导中是指公司还没有登陆创柜板，登陆创柜板前需要一定的辅导和规范期。

质量的强大助力。

创柜板虽然是进入上（兴）柜的预备阶段，但对企业进行不定期的审核和相关的资讯披露，如营业报告书、年度财务报表、盈余分配、年度股利分配等内容，若公司规避或拒绝审核，会被处以1万至3万元新台币的罚金，取消公司通过创柜板筹资资格或终止其登陆。因此，从规范治理角度，实现了从野蛮生长到合规有序发展的转变。

创柜板、兴柜板、上柜板乃至台湾证券交易所共同构成的台湾地区多层次资本市场体系架构充分融合了企业成长理论和多层次资本市场分工理论的核心内容，为企业在初创期、成长期、成熟期发展提供了不同层面的助力，帮助企业实现发展阶段的平稳过渡。

三、区域性股权市场和新三板对接机制现状

（一）新三板与区域性股权市场互联互通的政策背景

国务院和中国证监会多次发文，强调要加强多层次资本市场互联互通：支持符合条件的区域性股权市场挂牌企业可以挂牌新三板；摘牌的新三板挂牌企业可以将股份托管在注册地所在地的区域性股权市场，同时符合条件的，可以在区域性股权市场挂牌。

2013年12月，《国务院关于全国中小企业股份转让系统有关问题的决定》（国发〔2013〕49号）提出，在符合《国务院关于清理整顿各类交易场所切实防范金融风险的决定》（国发〔2011〕38号）要求的区域性股权市场进行股权非公开转让的公司，符合挂牌条件的，可以申请在全国股份转让系统挂牌公开转让股份。

2017年5月，中国证监会《区域性股权市场监督管理试行办法》（证监会令第132号）明确，符合中国证监会规定条件的运营机构，可以开展全国中小企业股份转让系统的推荐业务试点。

2019年6月，中国证监会《关于规范发展区域性股权市场的指导意见》（清整办函〔2019〕131号）明确提出，鼓励地方上市后备企业到区域性股权市场挂牌进行规范培育，鼓励符合条件的区域性股权市场挂牌公司到新三板挂牌或证券交易所上市。从全国中小企业股份转让系统摘牌的公司，可在注册地区域性股权市场进行股份登记托管，符合区域性股市场挂牌条件的可以在当地挂牌。

2020 年 3 月 1 日起正式施行的新证券法中明确了区域股权市场的法律地位，并将中国资本市场划分为三个层次：证券交易所、新三板、区域性股权市场。区域股权市场法律地位的明确，为区域股权市场对接新三板或更高层次的资本市场提供了法律基础。

（二）区域性股权市场与新三板对接情况

1. 部分区域性股权市场已与新三板建立了对接合作机制

据不完全统计，北京、山东、浙江等多地的区域性股权市场已与新三板建立了沟通合作机制。

2015 年 1 月，北京股权交易中心（以下简称北京股交）与中国证券登记结算有限责任公司（以下简称中国结算）签署了《战略合作协议》，为实现后台一体化做准备；2015 年 9 月，北京股交与全国中小企业股份转让系统有限责任公司（以下简称全国股转公司）签订了合作备忘录，并就合作事项取得了以下进展：一是已通过"一码通"完成了投资者账户信息互通的技术对接，待授权后，可实现投资者信息共享。二是合作开发企业双向的直通式转登记系统，逐步实现企业股份在新三板与北京区域性股权市场之间后台联通登记。三是人员互动，北京股交累计有二十余名员工借调到全国股转公司交流挂职。

2014 年，按照山东省金融改革总体部署，齐鲁股权交易中心（以下简称齐鲁股交）建立了区域性股权市场挂牌企业向全国性证券交易市场批量挂牌制度。据悉，山东省政府、齐鲁股交已经与新三板达成协议，支持在齐鲁股交挂牌的企业批量申报、批量审批、集中挂牌。

浙江股权交易中心（以下简称浙江股交）在为新三板企业提供在地化服务方面进行了有益探索，推出了"投联贷"融资方案，帮助新三板挂牌企业对接银行，向银行提供历史投融资情况、现有经营情况、完成订单后的股权增值预期的认可度等材料，帮助促成企业股权质押贷款。

2. 区域性股权市场企业在新三板挂牌

据不完全统计，各地区域性股权市场累计为新三板输送了上百家优质企业。券商一般要求企业在区域性股权市场摘牌后，再行申请在新三板挂牌。

以北京、齐鲁股交为例：截至 2020 年底，共有 37 家北京股交挂牌展示企业登陆新三板，其中基础层 36 家，创新层 1 家；截至 2020 年底，共有 58 家齐鲁股交挂牌企业登陆新三板。

3. 新三板摘牌企业退回至当地区域性股权市场进行股权托管

根据中国证监会《关于规范发展区域性股权市场的指导意见》（清整办函〔2019〕131号）指示，新三板摘牌企业可在注册地区域性股权市场进行股份登记托管，符合区域性股市场挂牌条件的可以在当地挂牌。

以北京为例，截至2020年12月底，北京股交全资子公司北京股权登记管理中心完成127家新三板摘牌企业的股权登记托管（126家股东人数未超200人，1家股东人数超200人），但未有在北京股交挂牌的企业。

4. 新三板企业在区域性股权市场发行私募债券类产品

区域性股权市场作为扶持中小微企业政策措施的综合运用平台，当地政府部门一般会对在区域性股权市场备案发行的私募债券类产品给予一定程度的贴息支持，较多新三板企业通过区域性股权市场发行私募债券类产品进行融资，助力企业发展。

据不完全统计，共有7家新三板企业曾在北京股交备案发行私募债券类产品，融资总金额达2.66亿元；其他省市的新三板企业也通过当地的区域性股权市场发行私募债券类产品，如表1所示。

表1 新三板企业在区域性股权市场发行可转债的案例

发债企业简称	企业代码	发行金额（万元）	备案平台	债券类型
凌志股份	831725	5000	内蒙古股交	私募可转债
五行时代	871804	1000	中原股交	私募可转债
源森油茶	836528	1500	江西股交	私募可转债
康润洁	833472	500	新疆股交	私募可转债

资料来源：Wind数据库（不完全统计）。

（三）目前可能存在的问题

1. 不同区域性股权市场的制度规则存在差异性，难以建立统一可行的联通机制

各区域性股权市场在制度规则上存在较大差异，主要体现在挂牌企业准入门槛、核准、中介机构服务体系等方面。以北京股交、天津股权交易所和深圳前海股权交易中心为例（见表2）。

表2　挂牌企业准入对比（北京股交/天津股交/深圳前海股交）

	企业准入门槛
北京股交	标准板： 北京市内、股份公司、最近一年审计报告、法律意见书 科创板： 北京市内、有限责任公司、最近一年审计报告、高新证书 文创板： 北京市内、有限责任公司、最近一年审计报告、文创创意产业说明
天津股交	主板： 股份公司、最近两年及一期审计报告、注册资本足额缴纳、最近1年净利润不低于500万元、净资产不低于2000万元、不存在未弥补亏损 成长板： 股份公司、最近一年及一期审计报告、注册资本足额缴纳、最近两年累计营业收入不低于1000万元且累计净利润不低于100万元、不存在未弥补亏损
深圳前海股交	标准板（信息展示、不交易、广东省内企业） 财务指标满足四项条件之一 （1）最近12个月净利润不低于100万元 （2）营业收入不低于1000万元或最近24个月营业收入累计不低于1000万元且增长率不少于30% （3）净资产不低于500万元 （4）最近1年银行贷款达到100万元以上或外部投资机构股权投资达100万元以上 科创板（信息展示、不交易） （1）注册地：注册在广东省内的有限责任公司或股份有限公司 （2）行业：公司主营业务属于新产业、新业态、新商业模式的行业，包括新一代信息技术产业、生物医药产业、节能环保产业、新材料产业、新能源产业、航空航天产业、高端装备制造产业、文化创意产业 （3）估值：公司估值不低于人民币3000万元

　　各区域性股权市场对挂牌板企业准入门槛并不一致。企业组织形式方面，以北京股交为代表，针对不同企业组织形式及企业特点设置了不同板块，上海股交、天津股交等则强制要求挂牌公司为股份公司；企业财务要求方面，各区域性股权市场对于挂牌企业要求各异，如天津股交要求较高，而北京、浙江、重庆等区域性股权市场则不对财务具体指标设置门槛要求；中介机构类型方面，绝大部分区域性股权市场中介机构为投资机构、孵化器、小型会所律所等，券商、具备投行业务经验的会所律所鲜有参与。

　　总体而言，各区域性股权市场在制度上体现出较明显的独立性和差异性，可能较难以现有板块与新三板建立统一可行的联通机制。

2. 新三板与区域性股权市场制度上的衔接不够顺畅

新三板与区域性股权市场的后台联通机制尚存在制度障碍。在区域性股权市场挂牌企业拟挂牌新三板时，需先在区域性股权市场内摘牌，再申请新三板挂牌；在审核阶段，企业股权（股份）在区域性股权市场交易转让的合法合规性也是重点关注问题。相较企业直接申请新三板挂牌，流程上更为复杂，未能体现出多层次资本市场阶梯上升式体系的价值，降低了企业进入区域性股权市场接受规范辅导的意愿。

同样的，新三板企业摘牌后可以选择到注册地区域性股权市场进行股份登记托管，需要企业及企业股东自行办理，不能直接由中国结算直接将股权托管数据转至区域性股权市场，一定程度上不利于保护合格投资者合法权益。

相比之下，台湾柜买中心内部的联通制度体系更为完善。其内部实行一体化协同机制，如后台证券账户联通体系，无须进行股份二次登记托管，助力企业快速、便捷的"转板或转登记"至不同板块。

3. 新三板基础层挂牌企业获得感有待提升

金融市场马太效应较为明显，新三板改革推出精选层等一系列改革措施，投资者对新三板的关注更多集中在精选层和创新层优质企业上。大部分基础层挂牌企业由于属于传统行业，市场空间有限，增长潜力不足同时规范较小，投资者对其关注度不够，流动性受限，获得股权融资较为困难；同时基础层挂牌企业需要承担固定的信息披露成本，包括持续督导费、会所年度审计费、律所费用。上述因素将一定程度影响企业在板意愿。

4. 新三板企业运用直接融资工具比例不足，尤其是债务融资工具

新三板挂牌企业 2019 年年报显示：挂牌企业最主要的融资方式是银行借款，以短期借款为主，长期借款为辅；通过发行债券融资或股权融资的企业数量较少。

以北京市的新三板挂牌企业为例，2019 年约有 40% 的基础层、60% 的创新层企业获得银行贷款，但仅有 9 家企业通过发行债券类产品进行融资，仅占北京市新三板企业总数的 0.8%。进行定向增发融资的企业共有 71 家，占总数的 6.34%。新三板企业获取直接融资的比例较低，亟待拓宽直接融资渠道。如表 3 所示。

表 3　2019 年北京市新三板挂牌企业主要融资形式统计

项目	短期借款	长期借款	债券融资	定向增发
基础层融资企业数	380	55	6	49
占比（共962家）	39.50%	5.72%	0.62%	5.09%
创新层融资企业数	93	23	3	22
占比（共158家）	58.86%	14.56%	1.90%	13.92%

资料来源：Wind。

四、政策建议

制度完备、交易活跃的多层次资本市场是企业融资的重要渠道，也是社会主义市场经济进行社会资源优化配置的重要平台，建立健全新三板与区域性股权市场的有机联动体系是夯实多层次资本市场金字塔塔基的重要抓手，也是进一步提升资本市场服务实体经济能力的基本要求。新三板全面深化改革工作当前正在迅速推进，新三板向上与沪深证券交易所的转板制度已基本建立，但新三板向下与区域性股权市场之间的对接联通机制尚未有制度性的安排，未来这可能会在一定程度上影响到新三板的企业储备和发展后劲。

基于新三板与区域性股权市场实际情况，结合我国台湾地区多层次资本市场的发展经验，下文拟从板块内部对接、服务互联互通及市场深化联动三个方面，提出如下政策建议。

（一）建立板块内部对接机制

1. 夯实后台联通基础，建立双向登记机制

投资者账户对接方面，建议参考台湾柜买中心模式，对标创柜和上柜、兴柜市场的联通机制，试点推动区域性股权市场投资者证券账户纳入资本市场"一码通"账户体系。进一步研究完善区域性股权市场证券账户与中国结算账户对接试点方案，细化在账户对接标准、账户管理、存量账户转换、账户信息报送等方面的安排。

探索由中国结算为区域性股权市场合格投资者在中国结算统一编制的一码通账户体系下配发区域性股权市场证券账户，逐步将区域性股权市场合格投资者证券账户纳入资本市场统一证券账户体系。

企业数据后台联通方面，建立区域性股权市场与新三板的股权登记后台"一键式转登记双向直通车"机制。进一步畅通区域性股权市场挂牌企业的股

权登记存管数据向上直接传输至中国证券登记结算公司登记系统的制度安排。同时，推动建立新三板摘牌企业退回至区域性股权市场转登记存管股权的向下直接数据对接的制度安排，真正实现多层次资本市场在股权登记后台"双向便捷转板"。

需要注意的是，部分新三板摘牌企业退回至区域性股权市场登记托管时，如果股东人数超过 200 人①，仍属于公众公司的范畴。《证券法》第九条规定，向特定对象发行证券累计超过 200 人的为公开发行，公开发行证券，必须符合法律、行政法规规定的条件，并依法报经国务院证券监督管理机构或者国务院授权的部门注册。公司股东超 200 人时，需报中国证监会注册。同时根据《非上市公众公司监督管理办法》以及《非上市公众公司监管指引第 4 号》，对于股东人数超过 200 人的未上市公司，需提交相关材料申请行政许可。区域性股权市场普遍设立了依法依规成立的股权登记托管平台，以北京为例，北京股权交易中心子公司北京股权登记管理中心作为北京市非上市股份公司股权登记管理平台，已具备相应股权托管的法定资质和能力。对于新三板摘牌企业股东人数在 200 人以下的，登记托管不存在任何法律障碍；对于股东人数超 200 人的股份公司，则需要求企业自行完成相应行政注册或备案流程后，进行股权登记托管。目前，北京股权登记管理中心已完成部分股东人数超 200 人的非上市股份公司（包括新三板摘牌企业和原股东人数已超 200 人的非上市企业）的登记托管工作。

2. 在区域性股权市场内建立与新三板对接专板

前台对接板块方面，由于各区域性股权市场目前在板块设置、挂牌条件、中介服务体系方面存在较大差异，建议在符合一定条件的区域性股权市场内部设立一个高层次、高标准的板块（以下简称对接专板），借鉴台湾柜买中心创柜市场的经验，对接专板内的企业从准备挂牌阶段便由券商进行辅导，从合法存续、股权清晰、经营规范、公司治理制度健全等角度对公司经营进行指导。对接专板的挂牌企业在满足一定条件后，进入辅导期，辅导期内设置一定的考核指标，待企业通过辅导期后，可与新三板基础层、创新层直接进行对接，由全国股转公司开辟专门审核通道，简化审查程序和申报材料要求，帮助企业实现真正的制度化"联通"，降低企业成本。

①　目前从新三板退回至北京登记托管中心的企业中，仅有 1 家企业的股东人数超过 200 人。

3. 建立区域性股权市场"转回板"机制

根据中国证监会《关于规范发展区域性股权市场的指导意见》中关于"从全国中小企业股份转让系统摘牌的公司，可在注册地区域性股权市场进行股份登记托管，符合区域性股权市场挂牌条件的可以在当地挂牌"的相关要求，探索建立部分新三板主动摘牌企业"转回板"机制。近年来，部分新三板企业因公司战略变化、在板成本、融资效果不明显等原因主动申请摘牌，但不乏摘牌后未能实现原有上市计划或其他原因后悔摘牌的情形。建议研究推动新三板摘牌冷静期制度及区域性股权市场"转回板"制度，企业新三板摘牌后可直接进入区域性股权市场对接专板，冷静期设置1年，1年内如企业遵守对接专板业务规则，履行相应义务，允许其适用对接专板内专门审核通道，简化审查程序和申报材料要求，实现摘牌后的快速转回制度，在符合基础条件的基础上，回到新三板基础层挂牌。冷静期过后摘牌企业可以选择在对接专板内继续接受区域性股权市场服务，也可选择终止在对接专板内挂牌。

(二) 共同完善中小微企业服务体系

1. 建立功能丰富的新三板工作站

为更好地发挥新三板各项服务功能，孵化培育一批准新三板企业，参考广州新三板基地模式，建议由全国股转公司会同各省级行政区金融监管部门作为牵头指导单位，各区域性股权市场运营机构作为落地支撑单位，建立功能丰富的新三板培育工作站，在全国做好深度服务体系的空间布局，为拟挂牌新三板企业提供前置预审核辅导，为已挂牌新三板企业提供政府政策落地、持续督导代办、股债融资财务顾问等"在地化"服务，为新三板摘牌企业提供股份集中托管和股权融资服务。

2. 允许新三板挂牌企业在注册地区域性股权市场发行私募债券类产品

区域性股权市场的私募债券类产品具有直接债券融资特点，期限长、稳定、一次备案多次发行；同时备案审核效率高、增信措施、转股措施（私募可转债有转股安排）灵活等特点。此类私募债券类产品规模在2000万元至一亿元，是沪深证券交易所债券产品体系的有益补充。新三板挂牌企业公司治理规范、内控制度健全、信息披露完善，财务信息相对透明、公开，发行小规模的债券产品，额外发行成本相对较低。

建议监管机构出台相关政策，允许新三板挂牌企业在注册地所在的区域性股权市场备案发行私募债券类产品，支持银行理财子公司以及债权类私募基金投资区域性股权市场债券产品。同时建议新三板明确相应债券的信息披露要求、转股路径。

3. 加强新三板与区域性股权市场企业互联互通，为中小微企业提供产业链上交流合作平台

建议由全国股转公司与区域性股权市场运营机构，定期联合组织特定行业内的区域性股权市场挂牌企业与新三板挂牌企业的考察交流活动，为企业提供产业链上交流合作机会，可以邀请行业协会、专家参加，帮助处于不同发展阶段的企业实现业务融合、模式创新、市场预判等，从而实现促进行业健康发展和企业快速成长的双重效果。

同时，推动研究并实践以券商为主导，区域性股权市场为试验田，新三板企业为实施主体的行业内并购重组的新三板市场咨询服务体系，在优化新三板企业产业链布局的同时，为区域性股权市场挂牌企业做大做强提供技术和管理支撑，为创始人及股东提供退出路径，从业务上打通企业在区域性股权市场与新三板的发展通道。

4. 推动区域性股权市场运营机构与券商合作，实现联合辅导

参考台湾创柜板"公设联合辅导机制"，建议推动证监会等监管机构依据新证券法有关规定，备案明确区域性股权市场运营机构作为持牌证券服务机构（财务顾问类）的合法身份，与合作券商一道，发挥各自优势，为企业提供专业的联合辅导。待区域性股权市场与新三板对接专板设立后，引导新三板市场中介服务机构（包括券商、会计师事务所以及律所等）积极参与对接专板挂牌企业辅导，全面提升区域性股权市场中介服务质量。待相关企业初步达到新三板挂牌条件后，由区域性股权市场运营机构与证券公司按照财务顾问联合主办券商的服务模式，进行"1+1"合作，共同推荐企业挂牌新三板。对于有些幅员辽阔、券商服务难以完全兼顾的地区，可以考虑采取区域性股权市场运营机构辅助券商负责当地新三板挂牌企业的持续督导工作，充分发挥各方优势，在辅导企业规范运营的同时，降低企业在板成本、券商维护成本，提升服务质量。

5. 加大政策补贴力度，引导企业规范股改，筑牢联通基础

股份制改造是企业在资本市场继续发展的必要条件，是促进新三板与区域性股权市场实现互联互通的基础，也应是各省级政府培育企业健康稳步成长的重点施政环节。区域性股权市场是地方政府"施政惠企"的政策落地平台，建

议相关政府单位，结合实际情况，因地制宜制定企业改制补贴政策，积极引导企业通过多层次资本市场的塔基——区域性股权市场进行规范的股份制改造，加强对已实施股改企业的政策支持力度，降低企业规范治理的成本，更大限度地激发企业挂牌新三板的动力，实现服务中小微企业政策精准落地。

（三）试点运营机构股权层面的合作

1. 股权融合推动深化合作

为了进一步深化区域性股权市场与新三板的对接合作，建议由全国股转公司战略性参股主要的区域性股权市场运营机构。参照境外多层次资本市场建设往往由同一个交易所集团主导的成熟模式，以及深圳证券交易所（以其所属深圳证券信息公司为出资主体）参股全国11家区域性股权市场运营机构的成功经验，可由中证股转科技有限公司（全国股转公司的全资子公司）以增资方式战略性持有主要的区域性股权市场运营机构5%～10%的股权。通过双方股权合作纽带，夯实两个市场全面深化合作的基础。

2. 共建资本市场学院，提升企业获得感

建议由全国股转公司与主要的区域性股权市场共建资本市场学院，全国股转公司控股，区域性股权市场运营机构等单位参股，设立资本市场学院，以市场化方式举办各类推广、路演、培训活动以及中国证监会和地方政府举办的各类资本市场政策解读和培训活动。基于新三板和区域性股权市场的中小微企业服务经验，对于企业辅导支持实现因企而异的精准滴灌，升级服务能力，提高服务质量，不断提高挂牌企业对资本市场的认知，遵守资本市场的规则，用好资本市场工具，持续增强企业的获得感。

五、结论

本文通过研究多层次资本市场理论基础，借鉴台湾多层次资本市场发展实践经验，对区域性股权市场与新三板联通机制进行了深入研究。多层次资本市场互联互通，能够有效完善资本市场层次，明确中小企业在资本市场的发展路径。

本文论述了区域性股权市场和新三板联通机制政策依据，研究了主要区域性股权市场与新三板市场对接现状及存在的问题，具体如下：一是政策背景层面具有深厚基础，国务院、中国证监会的规范性指导文件多次强调要加强区域性股权市场与新三板市场的双向互联互通。二是部分区域性股权市场已与新三板市场进行了对接，主要表现在培育孵化企业赴新三板挂牌、新三板摘牌企业赴区域性股权市场进行股份托管、新三板挂牌企业在区域性股权市场发行私募债券类产品等。三是目前对接方面存在的问题，如不同区域性股权市场制度规则存在较大差异、新三板与区域性股权市场联通机制未有实质性突破等。

基于以上实际情况，本文从建立板块内部对接机制、共同完善中小企服务体系、市场深化联动方面提出了以下政策建议：一是畅通联通对接机制，在主要区域性股权市场试点"对接专板""转回板"机制，打通后台股份转托管机制。二是完善中小微企业服务体系，建立功能丰富的新三板工作站，允许新三板企业在区域性股权市场发行私募债券，加强区域性股权市场与新三板挂牌企业产业上的互联互通。三是试点运营机构股权层面的合作，为深化推动联通机制奠定基础。

参考文献

［1］黄振雷，吴淑娥，赵晴．区域性股权市场的发展策略——基于平台型市场理论的分析［J］．新金融，2016（9）．

［2］简兆权，肖霄．网络环境下的服务创新与价值共创：携程案例研究［J］．管理工程学报，2015（1）．

［3］汪旭晖，张其林．平台型网络市场"平台—政府"双元管理范式研究——基于阿里巴巴集团的案例分析［J］．中国工业经济，2015（3）．

［4］汪旭晖，张其林．平台型电商企业的温室管理模式研究——基于阿里巴巴集团旗下平台型网络市场的案例［J］．中国工业经济，2016（11）．

［5］胥莉，陈宏民．银行卡定价理论的新发展——兼论对我国银行卡POS交易价格形成机制的启示［J］．中国工业经济，2006（6）．

［6］尹志超，宋全云，吴雨．金融知识、投资经验与家庭资产选择［J］．经济研究，2014（4）．

［7］张捷，王霄．中小企业金融成长周期与融资结构变化［J］．世界经济，2002（9）．

［8］曾繁振．国际化背景下中国多层次资本市场体系及其构建研究［D］．北京：中共中央党校，2012.

［9］Armstrong，M. Competition in two-sided markets［J］. Rand Journal of Economics，2006，37（3）：668-691.

[10] Armstrong, M. , and Wright, J. Two-sided markets, competitive bottle-necks and exclusive contracts [J]. Economic Theory, 2007, 32 (2): 353−380.

[11] Caillaud, B. , and Jullien, B. Chicken and egg: competing matchmakers [J]. Rand Journal of Economics, 2003, 34 (2): 309−328.

[12] Hagiu, A. Pricing and commitment by two-sided platforms [J]. Rand Journal of Economics, 2006, 37 (3): 720−737.

[13] Lewis, A. , and Churchill, N. The five stages of small business growth [J]. Harvard Business Review, 1983, 61: 31−50.

[14] Penrose, E. , The theory of the growth of the firm [M]. Oxford: Basil Blackwell Publisher, 1959.

[15] Rochet, J. , and Tirole, J. Platform competition in two-sided markets [J]. Journal of the European Economic Association, 2003, 1 (4): 990−1209.

[16] Schiff, A. Open and closed systems of two-sided networks [J]. Information Economics and Policy, 2003, 15 (4): 425−442.

稿　约

　　《多层次资本市场研究》是由全国中小企业股份转让系统有限责任公司主办，面向社会公开连续出版的学术类出版物。内容涵盖中小企业发展、资本市场制度创新、金融创新等我国资本市场发展的重要问题。风格为理论与实践并重、宏观与微观结合、现实与前瞻兼顾。

　　选题范围包括：资本市场制度改革创新研究、新三板市场发展研究、民营经济产业研究、中小企业发展研究、资本市场微观行为研究、域外资本市场分析及启示、上市及挂牌公司案例研究、金融科技等。

　　栏目设置包括"理论前沿""制度探索""企业研究""金融科技""域外经验""案例分析"等，每辑根据实际情况适当调整。

　　现面向全国经济、金融、法律、投资等理论界、实务界，诚征稿件。来稿应论点鲜明、逻辑严谨、结构合理、可读性强，具有学术深度和实践应用价值。稿件篇幅以8000~10000字为宜，特别优秀的理论稿件不受此限。稿件一经录用，编辑部将及时通知作者；采用后将根据文章质量及字数支付稿酬，并奉送样书。

　　投稿请发送至以下电子邮箱：tougao@neeq.com.cn，并附作者简介，包括姓名、署名单位、职务或职称、研究领域、通信地址、邮政编码、联系电话、E-mail等信息。所有投稿应符合国家著作权规定、公认学术规范和所附《编辑体例》要求。

　　本书编辑部保留对来稿进行文字性和技术性修改的权利。所采用文章均不代表全国股转公司观点，文责由作者自负；除特别说明外，文章为作者个人观点，与其所在单位、职务无关。

　　投稿人向《多层次资本市场研究》投稿，即视为接受本稿约，并授权本书将稿件纳入《中国学术期刊网络出版总库》及CNKI系列数据库、"北大法宝"（北大法律信息网）期刊数据库等学术资源数据库以及全国股转公司官方互联网平台，稿酬已包含上述数据库著作权使用费。如有异议，请来稿时注明。

编辑体例

投稿论文应为作者原创、未公开发表、无知识产权争议并应符合学术规范，严禁一稿多投，并符合以下要求。

一、文章字数

文章应论点鲜明、逻辑严谨、可读性强，具有学术深度和实践应用价值，字数在 8000~10000 字为宜，特别优秀的理论文章字数不限。

二、标题

文章题名一般不超过 20 个字，必要时可加副标题。黑体三号字，居中。

三、作者

题目下方一行署名作者，宋体小四号字（居中），附加脚注、使用上标星号（*）标明，脚注中应当注明作者姓名、工作单位、职务、职称、学历。

四、摘要和关键词

摘要一般不超过 300 字；关键词 3~5 个，关键词之间用空格分隔。宋体小四号字，首行缩进。固定行距 28 磅。

五、正文

正文区分标题和内容，标题首行缩进，层级依次为"一、……""（一）……""1.……""（1）……""①……"。一级标题采用黑体小四号字；二级标题采用楷体小四号字；内容首行缩进，宋体小四号字，固定行距 28 磅。

六、注释和参考文献

注释采用页下脚注，分页连续编号。注释非引用原文者，注释前加"参见"；引用资料非原始出处者，注明"转引自"；数个注释引自同一资料者，可合并同注。

参考文献附于文后，连续编号。注码放在文章标点之后，注码符号为"［1］……"字体及字号：宋体小五号字，首行缩进。

（一）著作类

1. 独著作品

董安生．民事法律行为［M］．北京：中国人民大学出版社，2000：19-22.

2. 合著作品

徐明，李明良．证券市场组织与行为的法律规范［M］．北京：商务印书馆，2002：10.

3. 多人合著作品

左卫民，等．可持续发展与环境资源法制建设［M］．北京：中国法制出版社，2003：214-216.

4. 编辑作品

国务院研究室编写组．十三届全国人大一次会议（政府工作报告）辅导读本（2018）［M］．北京：中国言实出版社，2018：65-67.

（二）论文类

1. 期刊

谢庚．新三板服务中小微实践［J］．中国金融，2018（19）.

2. 论文集

（1）公开发行类

尹田．论动产善意取得的理论基础及相关问题［M］//民商法论丛（第29卷）．北京：法律出版社，2004.

（2）非公开发行类

李文超，李明红．新形势下乡土法官调解模式的检视与完善——从人民法庭家事纠纷的微观角度［C］．最高人民法院第二届人民法庭论坛论文集，2017.

3. 学位论文

王刚. 西方各国金融系统演进和功能的制度分析——兼论我国金融系统的改革 [D]. 长春：吉林大学，2004：189.

（三）译作类

亚当·斯密. 国富论 [M]. 唐日松，等译. 北京：华夏出版社，2005：224.

（四）报纸类

郑志刚. CDR：只是刚刚吹响上市制度改革的号角 [N]. 经济观察报，2018-04-16.

（五）辞书类

沃克. 牛津法律大辞典 [M]. 北京社会与科技发展研究所，译. 北京：光明日报出版社，1988：68.

（六）外文类

遵从该文种注释惯例。英文注释体例如下：

1. 著作类

Harold U. Faulkner. American Economic History [M]. Harper & Brothers Publishers，1960：23-25.

2. 论文类

Gavin Goh & Andreas R. Iiegler, Retrospective Remedies in the WTO after Automotive Leather [J]. Journal of International Economic Law，2003，9.

（七）网络类

梁慧星. 关于中国物权法的起草 [EB/OL]. [2009-08-08]. http：//article. chinalawinfo. com/article/user/article_display. asp？ ArticleID=29283.

七、其他要求

（一）关于文章中的外文词语

1. 文章正文中第一次出现的外文词语，请不仅要标注出中文译义，并写全外文单词。

2. 图表中的图标、表头与单位等请用中文词汇。如引用外文，请标注中文译义。

（二）关于文章引用法律法规条文

1. 发布与实施的时间及发文单位要正确。

2. 法律法规的名称及引文内容要准确无误。引用具体法律法规、规范性文件应当加用书名号，首次引用应当使用全标题，如《中华人民共和国证券法》《中国证监会关于进一步推进全国中小企业股份转让系统发展的若干意见》。

3. 法条或文件内容序号（第×条、第×款、第×项）、时间（世纪、年代、年月日等）、数量金额等使用阿拉伯数字，但直接引用原文的从原文。

（三）关于图表

1. 文中若出现图表，内文中应提到"见表1……"或"见图1……"。

2. 图表中如有数字，请注明单位，图表中的图标、表头与单位等请用中文词汇。

3. 请注明图表的数据来源。

（四）关于统计百分比数据

含有百分比的数据要四舍五入精确到 0.01%，各占比部分相加之和的误差小于或等于 0.01%。